# Civilizaciones antiguas

*Una guía fascinante sobre los antiguos cananeos, hititas y el antiguo Israel y su papel en la historia bíblica*

# Índice de Contenidos

PRIMERA PARTE: LOS ANTIGUOS CANANEOS ......................................... 0

INTRODUCCIÓN.......................................................................................... 1

¿QUÉ ES Y DÓNDE SE ENCUENTRA CANAÁN?...................................... 1

LAS CARTAS DE AMARNA Y OTROS DOCUMENTOS ............................. 4

CAPÍTULO 1 - EDAD DE BRONCE TEMPRANA 3500-2000 A. E. C. ........... 7

¿QUÉ ES LA EDAD DE BRONCE? ......................................................... 7

VIVIENDAS Y PUEBLOS ...................................................................... 10

¿POR QUÉ LOS CANANEOS ABANDONARON SUS CIUDADES? ............. 10

CAPÍTULO 2 - EDAD DE BRONCE MEDIA 2000-1550 A. E. C. ................. 12

LA EXPANSIÓN DE LOS HICSOS ......................................................... 13

EGIPTO DURANTE LA ERA DE LOS HICSOS ........................................ 18

HAZOR.............................................................................................. 19

ENTIERROS Y PRÁCTICAS FUNERARIAS ............................................ 20

GOBIERNO Y ESTRUCTURA SOCIAL .................................................. 21

CAPÍTULO 3 - EDAD DE BRONCE TARDÍA 1550-1200 A. E. C. ............... 23

LA PRIMERA CAMPAÑA DE TUTMOSIS III.......................................... 24

DE LA SEGUNDA A LA CUARTA CAMPAÑA DE TUTMOSIS III Y LA CONQUISTA DE SIRIA ............................................................................................. 29

AMENHOTEP II .................................................................................. 31

LOS HABIRU....................................................................................... 33

El Imperio Asirio Medio...................................................34

## CAPÍTULO 4 – EL COLAPSO DE LA EDAD DE BRONCE Y LA EDAD DE HIERRO...................................................35

El Colapso de la Edad de Bronce....................................35

Catástrofes Climáticas ...................................................36

El Auge de la Herrería ...................................................37

Colapso General de Sistemas ........................................38

Los Pueblos del Mar ......................................................38

Canaán durante el Colapso............................................39

El Auge del Antiguo Israel y Judá .................................40

Dominio Neoasirio hasta el Fin de la Edad de Hierro .....42

Nota sobre el Comercio..................................................45

## CAPÍTULO 5 – LA CULTURA DE LOS CANANEOS ...........46

Comida..........................................................................46

Vestuario........................................................................50

Actividades de Ocio .......................................................52

Roles de Género ............................................................53

Idiomas Cananeos..........................................................54

## CAPÍTULO 6 – CANAÁN EN LAS ESCRITURAS JUDÍAS Y CRISTIANAS 57

Resumen del Antiguo Testamento ..................................57

Resumen del Nuevo Testamento ....................................59

¿Dónde está Canaán en la Biblia?..................................60

La Tierra Prometida.......................................................61

La reputación de Canaán ...............................................62

## CAPÍTULO 7 – RELIGIÓN Y CULTO...............................66

El...................................................................................67

Astarot ..........................................................................70

Mot................................................................................71

Baal o Hadad.................................................................72

Yam................................................................................74

Anat...............................................................................76

Prácticas Religiosas.......................................................77

CONCLUSIÓN .................................................................. 79

SEGUNDA PARTE: HITITAS ............................................ 81

INTRODUCCIÓN .............................................................. 82

    *Vacíos en el conocimiento* .......................................... 82

    *¿Cómo sabemos de los hititas?* ................................... 83

    *El Legado de los Hititas* ............................................ 84

CAPÍTULO 1 – EL ORIGEN DE LOS HITITAS EN LA EDAD DE BRONCE .............................................................................. 85

    *¿Qué Fue la Edad de Bronce?* .................................... 85

    *Movimiento hacia Anatolia* ......................................... 86

    *Escritura Cuneiforme* ................................................. 88

    *El Hitita Promedio* ...................................................... 90

    *Gobierno* ...................................................................... 91

    *Establecimiento de un Reino Hitita* ............................ 92

CAPÍTULO 2 – LA FORMACIÓN DEL REINO ANTIGUO, 1700 – 1500 A. C. ................................................................ 94

    *Hattusili I y Mursili I* ................................................. 94

    *Monarcas ineficaces y decadencia* ............................. 96

    *Telipinu* ........................................................................ 97

    *La fase oscura* ............................................................. 98

    *El Corto Reino Medio* ................................................. 99

CAPÍTULO 3 – EL REINO NUEVO, 1400 – 1200 A. C. ......... 100

    *Tudhaliya I* .................................................................. 101

    *Suppululiuma I* ........................................................... 101

    *Mursili II* ..................................................................... 106

CAPÍTULO 4 – LA CAÍDA DE LOS HITITAS ....................... 108

    *Conflicto con Egipto* ................................................... 108

    *El Azote Asirio* ........................................................... 111

    *Matrimonio y Alianza con Egipto* .............................. 112

    *El Regreso de los Asirios* ........................................... 112

    *Los Pueblos del Mar* ................................................... 113

    *El golpe final* .............................................................. 114

CAPÍTULO 5 - LOS REINOS DE LA SIRO-HITITA O NEO-HITITA ........116

    *Las diferencias entre el Reino Antiguo Hitita y el Neo-Hitita*......................*116*

    *Iconografía y Arquitectura* .................................................*118*

    *La Influencia Aramea y Luviana Continúa* .............................*120*

    *El Imperio Neo-Asirio* ........................................................*121*

CAPÍTULO 6 –ARTE, SIMBOLISMO Y PAPEL EN LA BIBLIA ................125

    *Animales*...........................................................................*125*

    *Relieves de Piedra* .............................................................*126*

    *Hititas en la Biblia* ...........................................................*128*

CAPÍTULO 7 - VIDA LEGAL Y COTIDIANA DE LOS HITITAS ..............131

    *Vivienda*............................................................................*131*

    *Vestimenta* ........................................................................*132*

    *Medicina* ...........................................................................*133*

    *Comida* .............................................................................*134*

    *Evolución de la ley* ............................................................*135*

CAPÍTULO 8 – ESTRUCTURA MILITAR ........................................138

    *El Sistema Feudal*..............................................................*138*

    *Los Efectos del Sistema Feudal* ..........................................*139*

    *Introducción a la Batalla de Qadesh y el Sistema Decimal*..............*139*

    *La Falange*........................................................................*141*

    *Municiones y Armamentos*..................................................*141*

    *Explicación de la Batalla de Qadesh* ...................................*143*

CAPÍTULO 9 –LOS RITUALES Y LA MITOLOGÍA DE LOS ANTIGUOS

HITITAS..............................................................................................146

    *La Jerarquía de los Dioses* .................................................*147*

    *Kumarbi*............................................................................*148*

    *Tarhunt*.............................................................................*149*

    *Arinna* ..............................................................................*151*

    *Telipinu* ............................................................................*152*

    *Cultos y Sacerdotes: La Estructura de la Religión Hitita* ............*153*

CONCLUSIÓN - ¿POR QUÉ SON LOS HITITAS IMPORTANTES? ........157

TERCERA PARTE: EL ANTIGUO ISRAEL.................................................159

INTRODUCCIÓN...................................................................... 160

CAPÍTULO 1 - CULTURA Y SOCIEDAD A TRAVÉS DE LOS AÑOS ...... 163

GOBIERNO Y ADMINISTRACIÓN ........................................ 163

COMIDA............................................................................ 166

ROLES DE GÉNERO ........................................................... 169

VESTIMENTA ..................................................................... 170

CAPÍTULO 2 - LA EDAD DEL BRONCE TARDÍA Y LA EDAD DE HIERRO TEMPRANA (1600 A. C. - 1000 A. C.) ........................... 172

¿DÓNDE ESTABAN LOS ISRAELITAS? ................................ 173

CAPÍTULO 3 - LA EDAD DE HIERRO TARDÍA (1000 A. C. - 587 A. C.)... 177

ISRAEL ............................................................................. 177

JUDÁ ............................................................................... 180

CAPÍTULO 4 - LOS ISRAELITAS BAJO BABILONIA ................... 184

ANTES DEL IMPERIO NEOBABILÓNICO.............................. 184

EL IMPERIO NEOBABILÓNICO .......................................... 186

LA REBELIÓN Y LA CREACIÓN DE YEHUD ........................ 189

CAPÍTULO 5 – EL CONTROL DE LOS PERSAS ......................... 191

CAPÍTULO 6 - EL PERÍODO HELENÍSTICO Y JUDEA BAJO LOS SELÉUCIDAS ........................................................................ 201

HELENIZACIÓN Y ANTÍOCO IV ........................................ 202

LA REVUELTA MACABEA ................................................. 204

CAPÍTULO 7 – LA DINASTÍA ASMONEA TEMPRANA ............... 207

ALEJANDRO BALAS.......................................................... 209

EL GOBIERNO DE JONATÁN.............................................. 210

EL LIDERAZGO DE SIMÓN................................................ 214

CAPÍTULO 8 - LA EXPANSIÓN ASMONEA Y LA GUERRA CIVIL ........ 215

JUAN HIRCANO................................................................... 215

LOS SUCESORES DE JUAN HIRCANO.................................. 218

LOS FARISEOS Y LOS SADUCEOS....................................... 220

LA GUERRA CIVIL ASMONEA ........................................... 221

CAPÍTULO 9 - GOBIERNO ROMANO DE JUDEA ..................... 224

HERODES Y EL CONTROL ROMANO CONTINUO.................. 225

CAPÍTULO 10 - ANTIGUA RELIGIÓN HEBREA Y JUDAÍSMO.............229

    MONOTEÍSMO VS. POLITEÍSMO ........................................230

    LA RELIGIÓN ISRAELITA Y LOS ASIRIOS...........................234

    PRÁCTICAS.....................................................................235

CONCLUSIÓN.........................................................................237

BIBLIOGRAFÍA......................................................................240

# Primera Parte: Los Antiguos Cananeos

*Una Fascinante Guía de la Civilización Cananea que Dominó la Tierra de Canaán Antes de los Antiguos Israelitas*

# Introducción

## ¿Qué es y dónde se encuentra Canaán?

Muchas personas en el mundo occidental contemporáneo han escuchado sobre la cuasi-mítica Canaán. La Biblia hace referencia muchas veces a esta civilización, incluyendo la mención cuando Dios ordenó a los israelitas destruir a los cananeos tras la huida de los israelitas desde Egipto. Sin embargo, la historia real de esta civilización no coincide completamente con lo señalado por fuentes teológicas. Por ejemplo, la civilización cananea consistió en multitud de diferentes pueblos del mismo grupo étnico, pero con diferentes culturas. Las fronteras de la región además eran frecuentemente redefinidas. Por otro lado, quedan muy pocos registros escritos de Canaán, haciendo que para los estudiosos las investigaciones sean muy difíciles.

Existen diferentes teorías acerca del origen del nombre "Canaán". La más aceptada indica que el nombre significa "Tierra de púrpura". Una de las especies comercializadas con otras civilizaciones era un tinte especial de color púrpura o índigo extraído de un crustáceo que se encuentra cerca de las costas de la actual Palestina. Otra posibilidad más antigua y menos probable es que el nombre provenga de una raíz semítica que significa "bajo", "humilde", o "subyugado". Algunos estudiosos creen que esto podría traducirse a los cananeos viviendo en un área de tierras bajas, ya que es poco probable que el nombre se refiriera a un tema bíblico, como lo propuso el teórico original, ya en el año 2000 a. e. c.

*Ejemplo de un tinte moderno extraído de un crustáceo*

El Canaán temprano en la época antes de la Edad de Bronce Temprana (3500-2000 a. e. c.) habría sido poblado por pueblos nómadas originados en el este, y se establecieron en la región conocida como el Levante. Este Levante comprende una gran porción del Próximo Oriente, Medio Oriente y del norte de África. Esta área corresponde a los países contemporáneos de Chipre, Israel, Iraq, Jordania, Líbano, Palestina, Siria, y algunas secciones de Turquía.

*Mapa del Medio Oriente - Ubicación del Levante*

La mayoría de la información conocida sobre Canaán es en realidad muy reciente. Una oleada de expediciones arqueológicas y artefactos encontrados durante el siglo 20 e. c. resultaron en una imagen más clara sobre la ubicación y prácticas de esta antigua civilización. Antes del descubrimiento de esta evidencia, los estudiosos creían que Canaán estaba completamente limitado a la Tierra Santa Judía, como se mencionaba en documentos religiosos como la Torá o la Biblia. Por ejemplo, el siguiente mapa es de 1762, hecho por el cartógrafo y desarrollador de atlas Robert de Vaugondy.

*Mapa de Canaán del siglo 18 e. c.*

Los documentos y fuentes descubiertos por arqueólogos no fueron creados por los cananeos. Hasta este momento, los estudiosos no han podido encontrar tablillas, cartas, o formas de escritura que puedan proveer un registro histórico de la civilización o describir sus principales estructuras sociales. En cambio, los profesionales han construido una idea aproximada de cómo era Canaán examinando los hitos arquitectónicos que aún permanecen, y encontrando referencias a Canaán en los registros dejados por otras civilizaciones.

## Las Cartas de Amarna y Otros Documentos

Numerosas referencias a Canaán pueden encontrarse en las Cartas de Amarna. Estas fueron documentos escritos al Faraón Akenatón durante el siglo 14 a. e. c., usualmente por regidores, gobernantes, y príncipes de los estados vasallos del masivo Imperio egipcio. Los estados vasallos eran reinos, provincias, u otros grupos que tenían su propia forma de gobierno, pero pagaban tributos a un estado más grande y poderoso. Las Cartas de Amarna son como tablillas de arcilla en las que los escribas escribieron en cuneiforme. Antes del papel, los escribas usaban arcilla fresca y escribían con un estilete tallando en el material húmedo. Las tablillas que necesitaban ser permanentes o que serían enviadas a otras personas eran horneadas para permanecer firmes. Muchas de estas antiguas tablillas componen la gran mayoría de las Cartas de Amarna.

*Una Carta de Amarna en arcilla*

Algunas de las referencias a Canaán incluían frases o decretos como este, una carta de Burna-Buriash II a Tutankamón:

> *En la era de Kurigalzu, mi antecesor, todos los cananeos escribieron aquí a él diciendo, '¡[Ve]n a la frontera del país, para que podamos revelarnos y aliarnos [con]tigo!'. Mi antecesor les envió esta (respuesta), señalando 'Olvídense de aliarse conmigo. Si se convierten en enemigos del rey de Egipto, y se alían con cualquier otro ¿No vendré y los saquearé? ¿Cómo puede haber una alianza conmigo?'. (EA-9)*

Y estos extractos de cartas de Rib-Hadda:

> *Anteriormente, al ver un hombre de Egipto, los reyes de Canaán huían ante él, pero ahora los hijos de Abdi-Ashirta hacen a los hombres de Egipto merodear como perros. (Ea=109)*

> *Si él no envía arqueros, ellos tomarán [Biblos] y todas las otras ciudades, y las tierras de Canaán no pertenecerán al rey. Podría el rey preguntar a Yanhamu acerca de estos asuntos. (EA-131)*

> *Si el rey olvida a Biblos, de todas las ciudades de Canaán, ninguna será suya. (Ea-127)* [1]

Estas Cartas de Amarna continúan siendo uno de los recursos más duraderos que los historiadores pueden usar para reconstruir la ubicación exacta de Canaán y cuánta influencia las dinastías egipcias tuvieron sobre los cananeos y sus vecinos. Algunas otras importantes fuentes de información incluyen los escritos en ruinas en lugares como Karnak, registros hechos por los asirios y los babilonios, las tablillas de Ebla, los textos de Ugarit, las tablillas de Ashur y las Cartas de Hattusa. De todas estas, el segundo recurso más importante corresponde a los textos de Ugarit, los que también revelaron un idioma desconocido hasta su descubrimiento en la década de 1920.

---

[1] Nadav Na'aman, *Canaan in the 2nd millennium B.C.E.* (Eisenbrauns: 2005).

# Capítulo 1 – Edad de Bronce Temprana 3500-2000 a. e. c.

## ¿Qué es la Edad de Bronce?

La Edad de Bronce hace referencia a un período de tiempo categorizado por el metal principalmente usado para armas, herramientas y otros importantes implementos: bronce. El bronce es una aleación metálica que consiste en cobre y estaño, aunque los herreros en algunas ocasiones agregaban componentes como arsénico y níquel para afectar la durabilidad y la flexibilidad. Durante la Edad de Bronce, el metal de ese nombre era la sustancia más dura disponible.

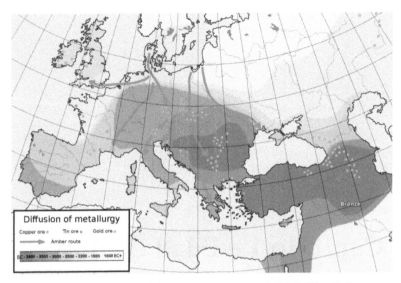

*Difusión de la Metalurgia en Europa y el Medio Oriente*

Canaán estaba en la cima de su poder y fuerza social durante la Edad de Bronce, la cual duró desde el año 3500 a. e. c. hasta aproximadamente el 1200 a. e. c. Luego de este período de tiempo, las civilizaciones gradualmente fueron evolucionando hacia la siguiente categoría: la Edad de Hierro. ¿Pero qué significó esto para Canaán? La región del Levante donde Canaán se ubicó contenía una serie de depósitos de cobre y estaño que podían ser minados. Esta posición situaba a Canaán en una ubicación conveniente para rutas comerciales, lo que lo ponía en confrontación con las civilizaciones e imperios que lo rodeaban.

La primera parte de la Edad de Bronce es naturalmente denominada la Edad de Bronce Temprana, y típicamente se extiende entre los años 3500 y 2000 a. e. c. Los primeros asentamientos que pueden considerarse proto-cananeos se desarrollaron alrededor del 2100 a. e. c. tras el colapso de partes del Imperio acadio. El Imperio acadio consistió en los primeros pueblos de habla semítica en Mesopotamia, la cual es una región histórica influyente que consiste en secciones de Asia occidental entre el sistema fluvial Tigris-Éufrates.

Mesopotamia fue una de las primeras regiones donde se desarrolló la escritura, y es considerada quizás la civilización humana más antigua en la historia. Los acadios vinieron y se asentaron en secciones de esta región y hablaban una lengua semítica, el cual es un idioma considerado afroasiático. Algunos ejemplos de idiomas semíticos actuales incluyen el árabe, el hebreo y el arameo. Los propios cananeos hablaban idiomas semíticos, y los historiadores creen que esto significa que compartieron algún ancestro común con los individuos que eventualmente crearían el Imperio acadio. Una de las características distintivas de los idiomas semíticos es cómo escriben las palabras, en un orden que se lee como verbo-sujeto-objeto. La gente del Imperio acadio y el Canaán temprano, por lo tanto, habrían hablado como "guerra rey luchó".

El colapso del Imperio acadio permitió que nuevos asentamientos emergieran de sus ruinas, pero no existe mucha evidencia que permita describir la civilización. Muy poco se sabe sobre Canaán durante este período. Los arqueólogos pueden decir que la gente pasó de las sociedades cazadoras-recolectoras de la prehistoria a asentamientos enfocados en la agricultura y la ganadería con ovejas y cabras. Los asentamientos surgieron en áreas fértiles. Los registros indican que los cananeos eran muy similares a sus vecinos en el norte, sur y el este.

Algunos de estos vecinos incluyen los asentamientos de Ebla, el Imperio acadio, Amurru (en la actual Siria), y numerosas civilizaciones en Asia Menor como los hititas y los hurritas. Canaán realizó comercio regular y estableció rutas que trajeron recursos a toda la región. Los cananeos probablemente intercambiaron bronce, cerámica, armas y productos alimenticios adicionales, además de materiales más raros como el oro. Sin embargo, hubo un cambio súbito al término de la Edad de Bronce Temprana que los historiadores no pueden explicar. Por alguna razón, la gente abandonó las ciudades y rutas comerciales en el Levante y retornó a una forma de vida más nómada. Esto eventualmente cambiará al comienzo de la Edad de Bronce Media alrededor del 2000 a. e. c.

## Viviendas y Pueblos

Durante la Edad de Bronce Temprana, Canaán comenzó a asentarse en una serie de pueblos establecidos, con algunas de las primeras murallas construidas en la región. La mayoría de los lugares tenían poblaciones de 2.000 personas o menos, con un tamaño máximo de ciudad de alrededor de 5.000. La mayoría de las ciudades consistían en pequeñas casas con algunos edificios que señalaban riqueza, pero los cananeos carecían de estructuras que pudieran ser consideradas palacios o templos. Los constructores usaban materiales como piedras talladas o ladrillos de barro crudo, y las casas tendían a ser de una habitación con almacenamiento de alimentos adjunto.

Las características distintivas de las ciudades de Canaán durante la Edad de Bronce Temprana era la inclusión de robustas murallas alrededor de los asentamientos. Estas estaban hechas de piedra y ladrillos de barro, e incluían bastiones y áreas para soldados entrenados para esconderse o defender los pueblos. A medida que el tiempo pasaba, estas fortificaciones se volvieron más fuertes y más complejas. Por el año 2000 a. e. c., algunos pueblos se jactaban de tener dos o incluso tres murallas alrededor de un área diseñada para contener no más de 5000 personas. Los historiadores especulan que una de las razones para estas defensas tan fuertes eran las fuertes políticas militaristas de los monarcas de la Edad de Bronce en el Próximo y Medio Oriente.

## ¿Por qué los cananeos abandonaron sus ciudades?

Desafortunadamente, los estudiosos no pueden explicar por qué los cananeos y varios de sus vecinos más cercanos escogieron abandonar su estilo de vida urbano. Existen algunas teorías que plantean la idea de la lucha geopolítica. Se sabe que varias civilizaciones cercanas, como los hititas, sufrieron frecuentes luchas internas y guerras por el trono. Algunos especulan que los cananeos decidieron abandonar sus estructuras urbanas centrales para evitar ser arrastrados a la lucha, especialmente porque las rutas comerciales establecidas eran interrumpidas. Otros creen que los pueblos ya no eran viables, ya que las rutas no eran tan prósperas, por lo que fue necesario volverse nómadas nuevamente. Finalmente, algunos estudiosos creen que podría haber ocurrido algún desastre natural como una sequía que hizo imposible la agricultura, pero existe poca evidencia geográfica que respalde esta idea.

No existe suficiente evidencia para sostener cualquiera de estas posibilidades. A pesar de abandonar los centros urbanos, los cananeos continuaron con oficios especializados como la elaboración de armas de bronce, cerámica y creación de estatuas. La gente también desarrolló comunidades agrícolas rurales, lo que significa que cualquier sequía o hambruna no podría haber sido tan restrictiva como para hacer necesario un retorno total a un modo de supervivencia de cazadores-recolectores.

# Capítulo 2 – Edad de Bronce Media 2000-1550 a. e. c.

Tras un siglo, la Edad de Bronce comenzó aproximadamente en el año 2000 a. e. c., y Canaán lentamente se transformó y regreso a una sociedad urbana. Este cambio hacia el urbanismo resultó en el surgimiento de varias poderosas ciudades-estado. La primera en ganar prominencia fue Hazor, también llamada Tel-Hazor. Los artefactos encontrados también apuntan a la idea de que los cananeos gradualmente adoptaron muchos de los aspectos de la cultura mesopotámica en este punto. Algunos de estos incluían roles de género más restrictivos, menos derechos para las mujeres en comparación con los hombres, y la adoración de deidades similares como el poderoso patriarca El. La adoración de múltiples deidades también se volvió más centralizada, y los cananeos construyeron templos y palacios utilizando piedra.

Alrededor del 2000 a. e. c., Canaán se vio envuelta en extensas redes comerciales en la región, y la cultura interior de la civilización comenzó a dividirse. Estas redes se extendían por todo el Levante, con muchos vecinos visitantes como los hititas, hurritas y los egipcios. A pesar de que toda la gente que vivía en la región de Canaán poseía el mismo origen étnico, ellos formaron diferentes culturas que se exacerbaron aún más por el comercio, ya que los grupos recibían contacto de diferentes civilizaciones vecinas. Entre estos pueblos cercanos se encontraban los fenicios, israelitas, amonitas y moabitas.

Al igual que en la Edad de Bronce Temprana, los estudiosos tienen dificultades revisando los documentos de otras civilizaciones, como los egipcios, a fin de encontrar información confiable acerca de los cananeos. En cambio, mucho más se conoce sobre sus vecinos más poderosos. Por ejemplo, Amurru y sus dinastías amoritas comenzaron a dominar alrededor del siglo 19 a. e. c., hasta el punto en que la palabra "Amurru" puede hacer referencia ya sea a una civilización diferente, o a la región interior del sur de Canaán. La palabra Amurru refiriéndose a Canaán es especialmente prominente en documentos egipcios, ya que los dos pueblos vivían alrededor de la misma área, y finalmente se volverían estados vasallos de los poderosos faraones.

Lo que los eruditos sí saben es que Canaán se desarrolló enormemente a partir de sus rutas comerciales con otras regiones, y se vio envuelto en una disputa de poder entre dos facciones en algún momento a fines del siglo 19 o comienzos del siglo 18 a. e. c. Una de ellas se encontraba en el extremo sur de Canaán, centrada en la ciudad de Megido en el valle de Jezreel en el sur del Israel contemporáneo. La otra facción se ubicaba en el norte, y habría estado situada alrededor de la ciudad de Kadesh en el río Orontes. El río fluye a través de la Siria y Turquía contemporánea. Nadie está seguro cómo terminó este conflicto, o si hubo un importante derramamiento de sangre, aunque la mayoría de la gente cree que la facción de Megido triunfó, ya que aquella ciudad se volvería una de las más poderosas en Canaán.

## La Expansión de los Hicsos

Alrededor del 1850 a. e. c., un grupo de cananeos conocidos como los hicsos invadieron secciones del territorio del norte de Egipto.

Ellos fueron precedidos por grupos de inmigrantes de Canaán que deseaban establecerse en esta región más rica en recursos controlada por la dinastía XII de Egipto. Ellos establecieron un reino independiente alrededor del este del delta del Nilo. Ellos eventualmente crearon la dinastía XIV de Egipto, la cual ejerció control sobre la región durante un período de tiempo entre los años 1805 y 1650 a. e. c.

Como con casi todo relacionado con los cananeos, es poco lo que se sabe sobre la dinastía XIV, y los estudiosos tienen una discrepancia de 80 años al intentar determinar cuánto tiempo duró. Los llamados faraones de la dinastía XIV no controlaron Egipto, y en realidad, parecían ser los vasallos de los faraones más poderosos en Egipto. Algunos profesionales creen que esta dinastía logró ver la coronación de al menos 76 reyes, mientras que otros sugieren que fueron menos, aproximadamente 56. Los gobernantes no parecían durar un largo tiempo, y muchos no fueron particularmente importantes. De los potenciales reyes de este período, el orden de los primeros cinco es el menos disputado, aunque algunos creen que en realidad podrían haber sido vasallos de la dinastía XV de Egipto, la cual ha sido extraviada por las arenas del tiempo. Estos serían:

- Yakbim Sekhaenre 1805-1750 a. e. c.

- Ya'ammu Nubwoserre 1780-1770 a. e. c.

- Qareh Khawoserre 1770-1760 a. e. c.

- 'Ammu Ahotepre 1760-1745 a. e. c.

- Sheshi Maaibre 1745-1705 a. e. c.

Si estos faraones hicieron algo notable, esto no es bien conocido. La mayoría de ellos pueden ser identificados porque dejaron sellos o cartelas que llevan sus nombres específicos. Los faraones producirían estos sellos para decretos, y a menudo llevaban el nombre del faraón gobernante.

*Qareh Khawoserre*

*Ammu Ahotepre*

*Sheshi Maaibre*

Finalmente, la XIV dinastía se extinguió, probablemente por una plaga o hambruna. Canaán existió en un área con muchos problemas naturales, y, por lo tanto, su gente a menudo tuvo problemas para desarrollar suficientes cultivos o desastres naturales.

Alrededor del 1650 a. e. c., los cananeos conocidos como los hicsos reclamaron el territorio de la fallida dinastía XIV, y partes de la tierra controlada por su robusto vecino hacia el sur, la XIII dinastía egipcia. Esto condujo a la creación de la XV dinastía. Estos hicsos lograron aprovechar un momento débil en la historia egipcia, y conquistaron tan hacia el sur como el río Tebas sin someterse a la voluntad de faraones más fuertes como lo hicieron sus predecesores.

Los hicsos pueden decir a los historiadores mucho acerca de los cananeos que de otra forma no se sabría. Los egipcios mantenían cuidadosos registros sobre sus aflicciones contra los hicsos. Entre algunas de las informaciones conocidas se encuentra que los hicsos en realidad introdujeron nueva tecnología militar a la región, como el arco compuesto, y los carros tirados por caballos. El arco compuesto era más liviano y más poderoso que los tradicionales modelos de manera, ya que combinaba madera, cuerno, y tendones, y se mantenía unido por un fuerte pegamento. Se convirtió en un arma popular preferida por los aurigas porque era liviana y fácil de usar mientras se estaba en movimiento. Una de las mejores imágenes de un arco compuesto es egipcia y muestra al faraón Ramsés II utilizando uno, en un carro, mientras lucha en la batalla de Kadesh contra los hititas.

*El faraón Ramsés II luchando en la batalla de Kadesh contra los hititas*

Los carros tirados por caballos son exactamente eso. Antes que los hicsos introdujeran esta tecnología, los egipcios no tenían carros ni caballos. Este desarrollo llevaría a algunos de los elementos básicos de la futura guerra egipcia, que dependía en gran medida en tener carros estables y rápidos para llevar la batalla a los enemigos de la civilización. Sería irónico cuando los egipcios posteriormente usaron esta misma tecnología para dominar a los cananeos.

Los pueblos egipcios gobernados por los hicsos parecían aceptar su reino, pero continuaban viendo a los hicsos como invasores a los que no pertenecían. Una vez que la dinastía XV comenzó a desmoronarse, los egipcios del norte destruyeron muchos de los registros de los gobernantes hicsos, y escogieron reagruparse con Egipto.

## Egipto durante la era de los Hicsos

La dinastía XIII comenzó con la muerte del faraón Neferusobek, quien fue reemplazado en rápida sucesión por dos hijos de su predecesor. El primer gobernante de la dinastía XIII se hacía llamar Sebekhotep, y enfrentó dificultades dejadas por los faraones anteriores, ya que los poderes cananeos extranjeros de la dinastía XIV ya estaban construyendo una poderosa base alrededor del norte del delta del Nilo. Neferusobek se había visto obligado a cancelar varias de las expediciones que frecuentemente irían al norte hacia el Sinaí, porque las fuerzas debían atravesar el delta del Nilo, lo que se había vuelto difícil.

*Sello Real de Sebekhotep*

Los sucesores de Neferusobek enfrentaron problemas similares y solo gobernaron sobre el valle del Nilo, el cual abarcaba desde Menfis a Elefantina. Las interacciones con los hicsos eran principalmente militaristas por naturaleza, lo que fue atestiguado por arqueólogos por el estilo de los entierros en ambas dinastías durante este período de tiempo. Después de algunas hostilidades iniciales, parecía que las casas reales lograron un breve acuerdo y abrieron el comercio entre ellas, permitiendo la libre circulación de comerciantes en beneficio de ambas partes.

Los faraones de la dinastía XIII de Egipto se siguieron uno a otro en sucesión cada vez más rápida, insinuando un período de inestabilidad política y económica. Ellos abandonaron su capital original de Itijawy y se trasladaron a Tebas, pero continuaron enfrentando problemas causados por la falta de suministros estables de alimentos. Los reyes de la dinastía XIV del norte no tuvieron mejor suerte, y los problemas en el valle y el delta del río Nilo solo empeoraron cuando comenzó la hambruna. Traídos por desastres naturales como sequías, ambas dinastías se vieron muy debilitadas y prácticamente indefensas contra un nuevo invasor cananeo: los hicsos.

# Hazor

La prosperidad de la Edad de Bronce Media para Canaán parecía estar centrada en la poderosa ciudad-estado de Hazor, también llamada Tel-Hazor en tiempos modernos. Desde los siglos 18-13 a. e. c., Canaán parecía ser un estado vasallo egipcio, en parte por la dinastía hicsa y su eventual colapso. Durante este período de tiempo, los reyes de Hazor juraron lealtad a los faraones de Egipto, pero muchos académicos sospechan que este era un gesto simbólico para evitar ir a la guerra con Egipto.

Hazor alcanzó prominencia en la Edad de Bronce Media en parte porque se fortificó a sí misma y pudo resistir la presión de caudillos internos y externos. La evidencia arqueológica muestra que Hazor tenía una ciudad baja fortificada que medía aproximadamente 70 hectáreas con murallas de 3 kilómetros. Aunque nadie está seguro sobre cómo la ciudad se volvió tan poderosa, fue destruida posteriormente durante la Edad de Bronce Tardía, probablemente a manos de los israelitas.

*Una Fotografía Aérea de un Fragmento Sobreviviente de Hazor*

La mayoría de los asentamientos exitosos durante la Edad de Bronce Media siguieron el modelo establecido por Hazor. Los cananeos continuaron enfrentando la presión de sus vecinos y de Egipto, incluso cuando algunas secciones se desplazaron hacia el delta del Nilo. Muchas de estas ciudades contenían los restos de masivos cementerios, los que entregaban una gran cantidad de conocimiento acerca de los tipos de entierros cananeos.

## Entierros y Prácticas Funerarias

Canaán compartía muchas de las características relacionadas con los entierros de otras civilizaciones durante la Edad de Bronce Media. Cuevas, cuando podían encontrarse, eran usadas para enterrar múltiples generaciones de la misma familia, y eran frecuentemente selladas con rocas para evitar el hedor de la descomposición y disuadir a los saqueadores de tumbas. Los cananeos habitualmente enterraban a sus muertos con una variedad de posesiones, incluyendo cerámica, joyería, armas, ropa elegante, contenedores de manera, y herramientas relacionadas a su oficio, como azadas en el caso de los granjeros, o yunques para los herreros.

Los soldados frecuentemente recibían entierros de guerreros. Esto incluía ropa especial como un cinturón de cuero, armamento como un hacha o una espada, y el sacrificio ritual de un animal como una cabra, oveja, o burro. Las mujeres no podían recibir este tipo de entierro, pero muchas mujeres de la élite eran vestidas con ropa elegante y especial, que demostraba su estatus. Ya que la mayoría de los hombres eran luchadores, un funeral de élite era también el entierro de un guerrero.

Finalmente, estaba el método especial de entierro utilizado para bebés y niños. Algunos que eran lo suficientemente pequeños eran colocados dentro de jarros de cerámica, y enterrados debajo del suelo de los hogares. Estos jarros incluían pequeños regalos como botellas de perfume, aceites, jarras con ungüentos, y pequeñas piezas de joyería. Si bien algunas fuentes indican que los cuerpos de los niños provenían de sacrificios rituales de sangre, la mayoría de los historiadores piensa que la gran cantidad de jarros encontrados indican altas tasas de mortalidad infantil.

## Gobierno y Estructura Social

El gobierno de Canaán también se solidificó durante la Edad de Bronce Media. Los palacios descubiertos por arqueólogos indican que los edificios eran extremadamente escasos y desprovistos de cualquier forma de escritura. Pareciera que el gobierno cananeo fue establecido de manera similar a otros de este período de tiempo. Importantes asentamientos tenían príncipes o alcaldes que controlaban la región, y habitualmente respondían a un rey central.

Originalmente, el rey era escogido por sus proezas militares; esto continuó a lo largo de la Edad de Bronce Media. Otras élites que tenían dinero o poder podían luchar por la posición, y algunos historiadores creen que los cananeos se dividieron en dos poderosas facciones: la norte y la sur. Eventualmente, se desarrolló una línea de sucesión hereditaria, pero no parecía haber ningún rey supremo. En lugar de aquello, Canaán pareció permanecer dividida en poderosas ciudades-estado que tenían sus propios príncipes, ejércitos y rutas comerciales.

Si bien había administradores, pareciera que no hubo escribas. Los cananeos, a diferencia de muchos de sus vecinos, no parecían tener un estándar de escritura o alfabetización como los egipcios, babilonios, asirios, y otros. En cambio, pareciera que el rey pasaba órdenes a los administradores y soldados, quienes las ejecutaban. Potencialmente había mensajeros entre las ciudades-estado, pero esto es incierto. No había un ejército central, y los reyes y príncipes individuales dependían del proto-feudalismo.

Bajo el feudalismo, una clase específica de élites guerreras recibiría tierras con las que podían hacer dinero. Mucho de este dinero se usaba para pagarle al rey o para comprar armas. Ya que las élites administraban las tierras, trabajadas por campesinos, estas tenían tiempo para desarrollar su proeza militar. Estas élites juraban lealtad a quien les haya entregado la realidad, generalmente el rey o el príncipe de una ciudad-estado cercana. La mayoría de las personas en este sistema habrían sido agricultores pobres, aunque algunas personas en las ciudades habrían sido artesanos, herreros, mercantes o comerciantes.

# Capítulo 3 – Edad de Bronce Tardía 1550-1200 a. e. c.

Canaán continuó enfrentando problemas por las políticas militaristas y expansionistas de sus vecinos cercanos en el Levante. Los cananeos lograron formar importantes confederaciones centradas en Megido y Kadesh, pero finalmente cayeron bajo el control de los egipcios y los hititas. Es en este período, que comenzó alrededor del siglo 16 a. e. c., que Canaán se volvió más envuelto en los asuntos de sus vecinos, y podría ser considerado un jugador en la política internacional.

La civilización de Canaán no perdió su distintiva cultura, pero logró interactuar más con sus conquistadores y formar fuertes relaciones comerciales. Los alcaldes cananeos que tenían control sobre regiones específicas del Levante juraban lealtad a quien fuera el faraón actual, y lograron comenzar a comerciar por mar con poderes significativos como Chipre, Grecia micénica y Creta minoica. El comercio con estas regiones fue ayudado por el hecho que los faraones egipcios carecían del suficiente personal para dominar totalmente Canaán, y frecuentemente estallaban rebeliones y revueltas, manteniendo a raya una conquista egipcia completa. Sin embargo, esto cambió rápidamente a medida que los faraones egipcios se concentraron totalmente en consolidar su poder en la región.

*"Canaán" Escrito en Jeroglíficos Egipcios*

## La Primera Campaña de Tutmosis III

Tutmosis III fue el sexto faraón de la XVIII dinastía de Egipto. Gobernó durante casi 54 años, aunque 22 de ellos fueron como como corregente con su tía y madrastra, la famosa Hatshepsut. Él pasó muchos años como el jefe de los ejércitos de Egipto, hasta que Hatshepsut murió y luego creó el imperio más grande que Egipto alguna vez tuvo, el cual se extendía hacia el norte, desplazando a los cananeos de gran parte del territorio que reclamaron en siglos anteriores.

*Estatua de Tutmosis III*

Inmediatamente tras la muerte de Hatshepsut, el faraón Tutmosis III reunió a sus ejércitos a la temprana edad de 22 años y marchó hacia el norte. Los registros indican que pasó la fortaleza fronteriza de Tjaru, y se dirigió a la llanura costera de Jamnia antes de marchar hacia el interior a la ciudad de Canaán y sede del poder, Megido. Lo que siguió fue conocido como la batalla de Megido en el siglo 15 a. e. c., librada entre las fuerzas de Tutmosis III y varios estados vasallos cananeos rebeldes, quienes ya no querían permanecer bajo la autoridad y gobierno egipcio.

Los historiadores modernos pueden reconstruir una relativamente precisa imagen de la batalla de Megido, ya que Tutmosis III ordenó a su escriba personal, Tjaneni, mantener un diario de lo que ocurría. Muchos años después, el faraón solicitó que sus hazañas militares fueran talladas en piedra, describiéndolas en lujo de detalle en las paredes del templo de Amón-Re, en el vasto complejo conocido como Karnak.

*Las Ruinas de Karnak*

La batalla de Megido tuvo implicaciones duraderas para Canaán, porque marcó el regreso de Egipto al poder. Tutmosis III continuaría teniendo victorias militares durante las dos décadas siguientes, quitando gran parte del Levante a Canaán, y dejándolo en un estado debilitado acentuado por los problemas internos de la propia civilización. Como antes, Canaán continuó enfrentando presión desde adentro porque su gobierno no estaba consolidado y consistía principalmente de señores feudales, y pequeñas, pero bien defendidas ciudades-estado, con pequeños asentamientos repartidos en el campo.

Mientras se dirigía a Megido, el faraón Tutmosis III se detuvo en la leal ciudad de Gaza, descansó, y luego marchó hacia Yemen. Caminó con una fuerza de carruajes e infantería que contabilizaba entre 10.000 y 20.000 soldados, una gigantesca fuerza para la Edad de Bronce Tardía. Tutmosis III envió exploradores mientras se encontraba en Yemen para determinar el mejor plan de acción para tomar Megido, la cual estaba bien fortificado y en ese momento albergaba las fuerzas independientes de tres ciudades-estado rebeldes en territorio cananeo ocupado. Los exploradores entregaron tres diferentes rutas, y Tutmosis III eligió la opción más difícil pero también más directa.

La elección de Tutmosis III significó que las fuerzas egipcias debían marchar por un angosto barranco, lo que requería que los soldados caminaran en una fila única. Esto los dejaba expuestos a potenciales ataques e hizo difícil establecer una defensa adecuada. Los generales del faraón le rogaron que reconsiderara, pero Tutmosis III fue inflexible sobre su decisión. Él exclamó que, si sus propios generales indicaban que se tomara la ruta fácil, entonces eso era exactamente lo que los cananeos esperarían, y quería el elemento sorpresa.

El riesgo valió la pena. El rey de Kadesh, uno de los gobernantes de canaán que fue parte de la rebelión, había enviado a la mayoría de sus exploradores e infantería a proteger los dos caminos más fáciles hacia Megido. En cambio, el faraón Tutmosis III fue capaz de liderar a sus fuerzas a través del relativamente desprotegido barranco, eliminando a cualquier explorador con sus rápidos carruajes. El hecho que los egipcios hubieran sido capaces de lograr esos grandes progresos, en parte gracias a la proeza de sus carruajes, es toda una ironía, ya que fueron los cananeos quienes introdujeron la tecnología militar de caballos y carros a la civilización egipcia en primer lugar. El ejército egipcio logró llegar a Megido casi sin oposición, con masivas secciones del ejército cananeo dejadas en el norte y el sur, e inútiles para los cananeos restantes encerrados en la ciudad.

*Ilustración de un Carruaje de Guerra Egipcio*

Tutmosis III golpeó rápidamente. Instaló un campamento para descansar, pero luego pasó la noche organizando a sus fuerzas para que flanquearan a los soldados del rey de Kadesh. A pesar de que los cananeos tenían una posición superior en un terreno elevado bien fortificado, los egipcios se desplegaron en una formación cóncava, la que flanqueó a cada una de las porciones del ejército del rey de Kadesh. De acuerdo a los registros, ambos bandos tenían al menos 1.000 carros y 10.000 soldados, lo que podría haber resultado en un enfrentamiento parejo, pero que no fue así. Los egipcios tenían una maniobrabilidad superior, e hicieron que la línea cananea colapsara casi inmediatamente. Los cananeos escaparon y se atrincheraron en Megido.

Mientras los soldados egipcios saqueaban el abandonado campamento cananeo, las fuerzas de los reyes de Kadesh y Megido lograron reagruparse dentro de la ciudad, y bajaron manojos unidos de ropa para traer a soldados y carros varados de regreso a la ciudad. Tutmosis III asedió a Megido y pasó siete meses desgastando a las fuerzas en el interior. El rey de Kadesh escapó, y Tutmosis III construyó un foso y una empalizada para que fuera aún más difícil para Megido recibir suministros. Finalmente, los cananeos admitieron su derrota. El ejército egipcio incapacitó a la rebelde Canaán por el momento, y se llevaron a casa un tesoro de botín, incluyendo 340 prisioneros, más de 2.000 caballos, 900 carros, 22.500 ovejas, y casi 2.000 vacas.

La victoria del faraón Tutmosis III cambió drásticamente la distribución de poder del Levante. El Imperio egipcio ahora controlaba la totalidad del norte de Canaán, y exigía tributo de los príncipes que vivían en ese lugar. Debido a que tenía una posición muy ventajosa, Egipto también recibía regalos de muchos de los vecinos como Babilonia, Asiria y los hititas.

# De la Segunda a la Cuarta Campaña de Tutmosis III y la Conquista de Siria

Tras expandir su imperio, Tutmosis III pasó muchos años viajando por la región capturada de Canaán, exigiendo tributo y sofocando revueltas y rebeliones menores. Él también tomó botines extra del Imperio asirio, el cual no era rival para la civilización egipcia durante su dinastía XVIII. Por alguna razón, el faraón no encontró que fuera importante registrar los detalles o resultados de su segunda, tercera, y cuarta campaña en Karnak. Sin embargo, sí hizo un estudio de todos los tipos de plantas y animales que encontró en la Canaán ocupada y lo incluyó en Karnak, dejando una impresionante cantidad de información respecto a los tipos de alimento y vegetación que los cananeos comían, por ejemplo, las delicias de higos y olivos.

*El Higo Común*

La quinta, sexta y séptima campaña de Tutmosis III fueron en contra de los fenicios en Siria, un vecino de los cananeos. Para alcanzar este territorio, el faraón debía marchar a través de Canaán, exigiendo tributo en el camino. Algunos estudiosos plantean que los egipcios de hecho no atravesaron Canaán, y que en lugar navegaron por mar alrededor de su territorio, llegando al norte. Nadie está seguro si este es el caso. Egipto tomó Siria fácilmente, y dejó muchas de sus ciudades económicamente devastadas, e incapaces de liderar futuras rebeliones. Tutmosis III luego dirigió su atención a los hurritas, y continuó ejerciendo control sobre Canaán si sus civilizaciones fronterizas hasta el final de su reinado en el año 1425 a. e. c.

# Amenhotep II

Amenhotep II fue uno de los hijos del faraón Tutmosis III, pero no el primogénito. Una de las esposas menores de Tutmosis III dio a luz a Amenhotep II, una mujer que no era de la realeza conocida como Meritra-Hatshepsut. Cuando la primera esposa y el hijo mayor de Tutmosis III murieron aproximadamente al mismo tiempo, el faraón decidió casarse nuevamente en un intento por tener más hijos para que fueran sus sucesores. Amenhotep II fue criado al norte de Tebas, fuera de la capital, y supervisó importantes entregas de madera para ganar experiencia como administrador antes de eventualmente convertirse en el sumo sacerdote del Bajo Egipto. Se desempeñó como corregente con Tutmosis III por aproximadamente dos años y cuatro meses antes de finalmente reemplazar a su padre tras la muerte de este último.

*Cartela Dañada de Amenhotep II*

La actitud despectiva de Amenhotep II hacia los no egipcios como los cananeos es bien conocida. Él recordó a algunos de sus aliados acerca de las hazañas juntos, pero también de su disgusto hacia la manera en la que a veces los oficiales ascendían a no egipcios a posiciones prominentes. Uno de los aliados a los que él envió uno de estos mensajes grabó en una estela de piedra el siguiente mensaje de Amenhotep II:

> *Copia de la orden que Su Majestad escribió él mismo, con su propia mano, al virrey Usersatet. Su Majestad estaba en la residencia [real]... él pasó unas vacaciones sentado y bebiendo. Mira, esta orden del rey es traída a ti... que estás en la lejana Nubia, un héroe que trajo botín de todos los países extranjeros, un auriga... tú (eres) el maestro de una mujer de Babilonia y una sirvienta de Biblos, una joven de Alalakh y una anciana de Arapkha. Ahora, estas personas de Tekshi (Siria) no valen nada, ¿para qué sirven? Otro mensaje para el virrey: no confíes en los nubios, pero ten cuidado de su gente y su brujería. Toma a este sirviente de un plebeyo, por ejemplo, al cual hiciste un oficial a pesar de que él no es un oficial que debieras haber sugerido a Su Majestad; ¿O quisiste aludir al proverbio: 'si careces de un hacha de batalla de oro con incrustaciones de bronce, un palo pesado de madera de acacia servirá'? Así que, ¡no escuches a sus palabras y no hagas caso a sus mensajes!*

Al faraón Amenhotep II también le disgustaban las mujeres en el poder y nunca registró los nombres de sus reinas. También desfiguró y destruyó muchos de los monumentos y documentos que describían las obras de la faraona Hatshepsut, una mujer gobernante que fue corregente del padre de Amenhotep II.

Amenhotep II comenzó campañas en el extranjero en el tercer año de su reinado, cuando tenía 21 años. Mientras sofocaba una

---

[2] Erik Hornung, 'The Pharaoh,' en Sergio Donadoni, *The Egyptians* (The University of Chicago Press, 1997), .291.

rebelión, algunas fuentes indican que él mismo asesinó a siete príncipes cananeos en Kadesh, y que luego colgó sus cuerpos boca abajo de la proa de su barco. En Tebas, seis de los cuerpos fueron colgados de las murallas mientras uno era llevado a una ciudad nubia para desalentar cualquier otro levantamiento. Alrededor de su séptimo año en el poder, hubo un gran levantamiento en toda la región de la Siria Moderna, la que sofocó con cierta dificultad. Parecía reacio a mantener registros de las batallas en Karnak, lo que podía indicar una o dos cosas. O bien sus viajes por Canaán eran más bien visitas para recaudar tributos y recibir juramentos de lealtad, o Amenhotep II perdió más batallas de las que estaba dispuesto a admitir. De cualquier manera, su fuerte presencia en Canaán mantuvo a los cananeos bajo control egipcio.

## Los Habiru

Durante la Edad de Bronce Tardía, los registros egipcios de los cananeos señalan que Canaán comenzó a llenar grupos de gente llamados los Habiru. Ellos no eran inmigrantes o una etnia nueva, en realidad parecían ser una clase social desplazada, cuyos individuos se volvieron forajidos, mercenarios y bandidos. Los historiadores sospechan que ellos solían ser parte de la sociedad, pero sufrieron bajo el gobierno egipcio y desastres ambientales como la sequía, por lo que recurrieron a otros medios de supervivencia.

Los Habiru avivaban rebeliones y asistieron a muchos de los príncipes y reyes cananeos en rebelarse contra el Imperio egipcio. A medida que el tiempo progresaba, también comenzaron a tomar ciudades para sí mismo, tanto así que algunos de los príncipes que eran leales al faraón egipcio comenzaron a rogar por asistencia. Por ejemplo, Zimrida, el rey de Sidón, escribió lo siguiente tal como fue traducido desde las cartas de Amarna: "Todas mis ciudades que el rey ha entregado en mi mano, han llegado a manos de los Habiri".

# El Imperio Asirio Medio

Alrededor de mediados del siglo 14 a. e. c., y hasta el siglo 11 a. e. c., gran parte de Canaán cayó al Imperio asirio medio. La capital de este imperio era Assur, y la gente hablaba acadio. Era una poderosa monarquía que contó con varios efectivos reyes guerreros en sucesión, incluyendo el gran Shalmaneser I. La influencia de los anteriores señores cananeos de Egipto y de los hititas se desvaneció, y el Imperio egipcio casi colapsó bajo la presión de los asirios. Los cananeos permanecerían bajo el poder del Imperio asirio medio hasta el Colapso de la Edad de Bronce.

# Capítulo 4 – El Colapso de la Edad de Bronce y la Edad de Hierro

## El Colapso de la Edad de Bronce

Las personas familiarizadas con la historia antigua sin duda han oído hablar del Colapso de la Edad de Bronce, un fenómeno que debilitó e incluso destruyó muchas de las grandes civilizaciones del Levante, Asia Menor, norte de África, y partes de Europa. Fue un periodo de transición de la Edad Oscura provocado por una variedad de factores, incluyendo la invasión de un grupo conocido como los Pueblos del Mar, desastres naturales, y deterioro gubernamental. Muchos historiadores ven este periodo como culturalmente disruptivo y extremadamente violento, con poca o ninguna advertencia para pueblos como los cananeos.

Entonces, ¿qué pasó realmente?

Hay numerosas teorías que se basan en el clima o el desarrollo tecnológico, muchas de ellas son compatibles entre sí. Algunas de las más populares incluyen diferentes combinaciones de sequías severas, actividad volcánica, el auge de la herrería, cambios en el estilo de guerra, algo llamado colapso general de sistemas, y la invasión de los Pueblos del Mar. Cada uno de ellos es explicado en detalle en la próxima sección, y luego, se analiza en profundidad el colapso de Canaán en sus regiones sirias y el área alrededor del sur del Levante.

# Catástrofes Climáticas

La primera teoría se refiere a la idea de que hubo un importante periodo de cambio climático entre los años 1000 y 800 a. e. c. La temperatura disminuyó significativamente, de manera similar a como ocurrió en la Pequeña Edad de Hielo. Esto gatilló importantes desastres como sequías, lo que provocó la muerte de los cultivos y hambruna durante varios años. La falta de alimento obligó a los cananeos y a otros pueblos en el Levante a ir a la guerra para encontrar sustento, resultando en el colapso de diferentes gobiernos. Existen algunas correlaciones entre sequías registradas en el Levante y el norte de África.

El Colapso de la Edad de Bronce adicionalmente coincidió con una gran erupción volcánica llamada Hekla 3. Hekla es un volcán en Islandia. La erupción arrojó una masiva cantidad de roca hacia la atmósfera, cuantificada en 7,3 kilómetros cúbicos, o aproximadamente 389 km.[3] La erupción Hekla 3 derivó en un periodo de 18 años de frías temperaturas comenzando en el 1000 a. e. c. Los científicos han encontrado una correlación entre la disminución de la temperatura y el comienzo del Colapso de la Edad de Bronce en Egipto y Canaán.

---

[3]Jón Eiríksson, et al., "Chronology of late Holocene climatic events in the northern North Atlantic based on AMSC dates and tephra markers from the volcano Hekla, Iceland.," *Journal of Quaternary Science* (2000), 15 (6): 573-80.

*Imagen de Hekla en 1904*

# El Auge de la Herrería

El hierro es un metal más fuerte que el bronce, y puede extraerse y moldearse de manera más fácil. El hierro puro es un metal blando, pero los herreros expertos aprendieron a combinarlo con carbón para producir materiales más fuertes. De todos los implementos de hierro descubiertos alrededor de Canaán durante el Colapso de la Edad de Bronce, el 80 por ciento eran armas, mientras que solo el 20 por ciento eran herramientas, indicando que los cananeos se concentraban más en la guerra que en la agricultura. Esto se correlaciona adecuadamente con evidencia científica que demuestra que las hambrunas y la destrucción de cultivos eran comunes alrededor del 1000 a. e. c., y que muchos de los pueblos recurrieron a la guerra para encontrar alimento.

Sin embargo, muchos académicos creen que gente como los cananeos, que, si bien eran capaces de producir armas de hierro, fueron superados por los invasores Pueblos del Mar. Después de todo, Canaán acababa de descubrir la herrería, y tenía problemas para mantenerse al día con las nuevas tácticas militares que podían utilizarse teniendo armas más fuertes. Por ejemplo, era posible usar armamento de hierro para abrumar carros, los cuales aún dependían del bronce, el cual era más blando y fácil de romper.

## Colapso General de Sistemas

La teoría del colapso general de sistemas está fuertemente relacionada con otros factores como el cambio climático y la herrería. Esta teoría plantea que factores como la degradación de los suelos, el crecimiento de la población, el declive del armamento de bronce, y el auge del hierro hizo que para las personas fuera fácil comprar armas en lugar de tierra cultivable, la cual se volvió escasa. Esto causó el colapso de la aristocracia guerrera tradicional. Debido a que el sistema cananeo durante la Edad de Bronce era extremadamente intrincado, una vez que una sección comenzaba a flaquear y tener problemas, otras empezaban a colapsar también, tal como una línea de dominós.

## Los Pueblos del Mar

A todos estos problemas se sumó la invasión de los misteriosos Pueblos del Mar. Ellos eran miembros de una confederación marítima que atacó las civilizaciones en el este del Mediterráneo, incluyendo Canaán y todo el Levante. Sus orígenes son inciertos, pero muchos historiadores creen que los Pueblos del Mar estaban conformados por miembros de varios lugares diferentes, incluyendo Asia Menor, sur de Europa, islas en el Mediterráneo y el Egeo. Mucha de la información acerca de ellos proviene de registros creados por los escribas de Ramsés II, un faraón egipcio de la dinastía XIX que tuvo un gran éxito contra pueblos como los hititas antes del comienzo del Colapso de la Edad de Bronce. Los Pueblos del Mar capturaron y destruyeron varias ciudades cananeas influyentes, incluyendo la famosa Hazor, antes de dirigir su atención a Egipto.

*Obra Egipcia de los Misteriosos Pueblos del Mar*

# Canaán durante el Colapso

En ese momento, el norte de Canaán permanecía bajo el control del Imperio asirio, mientras que el sur estaba en manos egipcias. El sur sufrió una nueva amenaza, esta vez de un grupo conocido como los Shasu, que correspondía al término egipcio para referirse a los vagabundos. Estas personas parecían ser ganaderos nómadas que hablaban lenguas semíticas y servían a un cacique tribal. Miembros de este grupo se convirtieron en bandidos y ladrones, acechando lugares en todo el sur de Canaán.

Estos Shasu perjudicaron severamente el comercio al apuntar a rutas que pasaban por importantes ubicaciones como Galilea y Jezreel. El faraón Seti I logró conquistar a varios de los Shasu, pero luego enfrentó nuevas rebeliones de los cananeos quienes ya no querían pagar tributo al Imperio egipcio. Él logró sofocarlas fácilmente mediante números superiores y tácticas militares, pero Canaán continuó rebelándose durante el reinado de su sucesor, el famoso Ramsés II. El faraón Ramsés II pasó la mayoría de su tiempo en campañas militares, y eventualmente decidió construir una guarnición de fortaleza permanente en el área para mantener el poder. Sin embargo, esta no duró.

Ciudades poderosas como Jerusalén solían ser asentamientos grandes y fortificados capaces de albergar, temporalmente, poblaciones masivas. Pero a medida que la comida se volvía escasa y Canaán comenzó a ser blanco de invasores del mar y civilizaciones vecinas en busca de alimento, las ciudades colapsaron. Lugares como Jerusalén se volvieron pueblos pequeños carentes de fortificaciones, y los cananeos volvieron a sus raíces errantes y estacionales, donde iban a diferentes lugares durante distintas épocas del año por comida y caza. Esto los dejó en una posición privilegiada para ser dominados por nuevos grupos al comienzo de la Edad de Hierro, la que comenzó alrededor del siglo 12 a. e. c., y finalizó en diferentes momentos alrededor del mundo.

# El Auge del Antiguo Israel y Judá

El declive del Canaán antiguo durante la Edad de Bronce Tardía fue gradual. Las ciudades lentamente se debilitaron y la gente comenzó a abandonarlas buscando prosperidad en otros lugares. La cultura cananea lentamente se integró a la de grupos vecinos como los filisteos, fenicios e israelitas, donde continuó sobreviviendo, pero sin prosperar. Uno de estos grupos étnicos, los israelitas, se convertiría en la potencia dominante en la región donde Canaán solía existir.

El término Israel aparece por primera vez en registro viviente en la Estela de Merenptah, que fue grabada por los sirvientes del faraón Merenptah de la dinastía egipcia XIX. Varias importantes líneas se refieren tanto a la presencia de los israelitas como al destino de los cananeos:

*Los príncipes están postrados, diciendo, "¡Paz!"*

*Nadie levanta su cabeza entre los Nueve Arcos.*

*Ahora que Tehenu (Libia) se ha arruinado,*

*Hatti es pacificado,*

*Canaán ha sido saqueada en todo tipo de infortunio:*

*Ashkelon ha sido superada;*

*Gezer ha sido capturada*

*Yano'am se hizo inexistente.*

*Israel ha sido arrasada y su semilla no;*

*Hurru quedó viuda a causa de Egipto.*[4]

Las ciudades cananeas habían casi desaparecido y los israelitas al comienzo parecían haber sido pacificados por fuerzas egipcias superiores, pero esto no duraría. Pese a no ser un estado cohesivo, los israelitas igualmente se distinguían de otros grupos al prohibir los matrimonios mixtos, enfatizando la importancia de la historia familiar y la genealogía, y manteniendo su propia religión mientras evitaban las tradiciones de otras. Todas estas prácticas eran poco habituales en el Levante, donde las religiones y linajes frecuentemente eran mezcladas, y diferentes grupos étnicos podían vivir de manera segura como una sola entidad política.

Los israelitas no tomaron Canaán por la fuerza, en cambio, parecieron integrarlos lentamente en su cultura. La evidencia arqueológica de la región parece apuntar al auge de grupos de personas que no comían cerdo, reuhían la costumbre cananea de la cerámica altamente decorada, y comenzaron la práctica de la circuncisión. Los autores Finklestein y Silberman resumieron los resultados de estudios arqueológicos en el sur del Levante:

> *Estas investigaciones revolucionaron el estudio del antiguo Israel. El descubrimiento de una densa red de aldeas en tierras altas, todas aparentemente establecidas en el lapso de unas pocas generaciones, indican que una dramática transformación social tuvo lugar en el pueblo montañoso central de Canaán alrededor del 1200 a. e. c. No había indicios de una invasión violenta o incluso de la infiltración de un*

---

[4] Kenton L. Sparks, *Ethnicity and Identity in Ancient Israel* (Eisenbrauns: 1998).

*grupo étnico claramente definido. En cambio, parecía
ser una revolución en el estilo de vida. En las tierras
altas antes escasamente pobladas de las colinas de
Judea en el sur a las colinas de Samaria en el norte,
lejos de las ciudades cananeas que estaban en proceso
de colapso y desintegración, alrededor de doscientas
cincuenta comunidades en las cimas de las colinas
surgieron repentinamente. Aquí se encontraban los
primeros israelitas.[5]*

Estos israelitas reclamaron la mayoría del territorio a lo largo de la costa occidental del antiguo Canaán. Los poderosos reinos de Israel y Judá mantenían territorios en la ubicación del Israel contemporáneo, teniendo como vecinos a ciudades-estado filisteas. Otros anteriores territorios cananeos fueron reclamados por los reinos de Moab, Amón, Aram-Damasco, Edom, los estados sirio-hititas, y las ciudades-estado fenicias- Miembros de los antiguos cananeos y muchos elementos de su cultura se volvieron parte de estos nuevos reinos de la Edad de Hierro, lo que significa que Canaán no murió técnicamente, en cambio, continuó existiendo en una nueva forma.

# Dominio Neoasirio hasta el Fin de la Edad de Hierro

El Imperio neoasirio conquistó toda esta región durante los siglos 10 y 9 a. e. c. Este imperio se volvería el más grande que el mundo antiguo había visto hasta este momento, y se originó en el 911 a. e. c. En su máxima extensión, la civilización neoasiria abarcaba la totalidad del territorio cananeo, gran parte de Asia menor, y grandes secciones de Egipto, como puede verse en el siguiente mapa.

---

[5] Israel, Finkelstein and Neil Asher Silberstein, *The Bible Unearthed: Archaeology's New Vision of Ancient Israel and the Origin of its Sacred Texts*, Free Press: 2001.

---

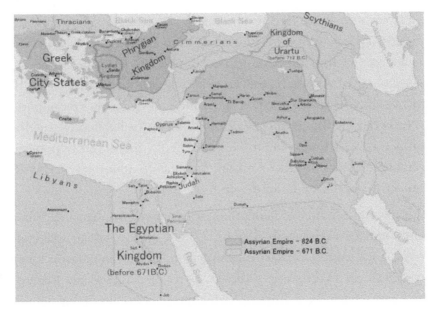

## El Imperio neoasirio

Los monarcas asirios eran guerreros y servían como reyes-emperadores con control total sobre los asuntos militares y exteriores del imperio. Ellos continuaron conquistando grandes extensiones de territorio, pero en gran parte dejaron en paz a las culturas cananeas e israelitas, escogiendo en cambio separar a esos pueblos de los asirios. Algunos emperadores eran más xenófobos que otros e incluso incluyeron la deportación de cananeos de las grandes ciudades hacia los asentamientos fronterizos, que eran menos prósperos, y difíciles de vigilar.

Los egipcios, ahora bajo el poder de la dinastía nubia, intentaron recuperar posiciones en el antiguo Canaán, pero fueron repelidos de manera rápida y eficiente por los neoasirios. Los neoasirios entonces decidieron invadir Egipto y dominaron completamente grandes porciones de territorio. Posteriormente, también aplastaron al Imperio kushita, el cual era la dinastía XXV de Egipto. Durante este tiempo, los cananeos y su cultura continuaron involucrándose en los asuntos del Imperio neoasirio, pero comenzaron a menguar lentamente debido a la influencia de nuevas culturas.

El reino de Judá, que se ubicaba al sur del reino de Israel, fue obligado a pagar tributo por muchos años o enfrentar su destrucción. Finalmente, el Imperio neoasirio colapsaría alrededor de finales del siglo 5 a. e. c. La caída habría sido causada por una combinación de amargas guerras civiles internas entre diferentes facciones de nobles y los esfuerzos de una coalición compuesta por los babilonios, medos, persas y escitas. Luego los babilonios se convirtieron en la potencia dominante en el antiguo Canaán, heredando todas las tierras de Canaán, Siria, Judá, e Israel desde Asiria.

A continuación, los babilonios se desplazarían hacia el sur y conquistarían secciones de Egipto. Estos egipcios habían intentado ayudar a los asirios a evitar su destrucción, y luego intentaron tomar posiciones en el Próximo Oriente, pero obviamente no lograron tener éxito. Cuando el Imperio babilonio colapsó alrededor del 539 a. e. c., Canaán se volvería parte del subsecuente Imperio aqueménida, que era dirigido por los persas. En el 332 a. e. c., se volvió parte del Imperio griego controlado por el infame Alejandro Magno. Luego se volvió parte de Roma, Bizancio, y eventualmente cayó a los poderes musulmanes árabes que conquistaron gran parte del norte de África e incluso llegaron a España en el siglo 7 e. c.

Alrededor de este tiempo es cuando la historia de los cananeos realmente termina. Su cultura y pueblos fueron dispersados y se volvieron miembros de varios diferentes imperios durante la Edad de Hierro y en la época medieval. En el mundo contemporáneo, sus descendientes más cercanos serían los pueblos de Siria, con quienes compartían material genético, y los israelitas, que se convirtieron en poblaciones judías en gran parte de Europa antes de instalarse en diferentes partes del mundo. Los descendientes de los israelitas incluso volverían al antiguo Canaán a mediados del siglo 20 e. c., formando el nuevo país de Israel.

# Nota sobre el Comercio

Tras el Colapso de la Edad de Bronce y el comienzo de la Edad de Hierro, el comercio a través de Canaán volvió a surgir y la gente se reagrupó en las principales ciudades y asentamientos con algún tipo de fortificación, incluyendo pesados muros de piedra. Particularmente, muchas nuevas rutas comerciales que evitarían los altos aranceles de los reinos costeros de Israel y Judá se desarrollaron. Estas rutas surgieron en muchas ciudades y tocaron casi todas las áreas principales del territorio cananeo, incluyendo Kadesh Barnea, a través de Hebrón, Laquis, Jerusalén, Bethel, Samaria, Siquem, Shiloh desde Galilea hasta Jezreel, Hazor y Megido.

Se desarrollaron ciudades cananeas secundarias alrededor de estas rutas comerciales, ya que conformaban una fuente estable de ingresos, alimento y trabajo. Una tercera ruta comercial surgió, la cual apuntaba a una combinación de asentamientos nuevos y antiguos. Caravanas seguirían el camino y tocarían importantes lugares como Eilat, Timna, Edom, Moab y Amón. Luego se dirigirían hacia los estados arameos y alcanzarían Damasco y Palmira.

Fue la prosperidad de estas rutas comerciales lo que atrajo hacia Canaán a vecinos extranjeros como los egipcios, babilonios y asirios. Cada grupo intentó controlar políticamente a los sucesores del Canaán antiguo, llegando usualmente con una importante fuerza militar y exigiendo tributo. Este tributo normalmente consistía en dinero y bienes obtenidos por estas bien desarrolladas rutas comerciales.

# Capítulo 5 – La Cultura de los Cananeos

Canaán consistió en varias culturas individuales que coexistieron y desarrollaron una sociedad y forma de vida consistente. Entre ellas se encontraban los fenicios, israelitas, amonitas, y moabitas, como se vio en los capítulos anteriores. Si bien mantuvieron sus raíces culturales, todos ellos poseían la misma etnia por vivir en el Levante. Ellos enfrentaron una turbulenta forma de vida caracterizada por pequeños pueblos, y luego ciudades-estado moderadamente prósperas. Los cananeos frecuentemente luchaban entre sí y contra sus vecinos cercanos, incluso cuando establecieron fuertes rutas comerciales.

La cultura cananea tuvo un largo tiempo para desarrollarse y aceptó cambios rápidamente. Algunas de sus características más distintivas se mantuvieron constantes a lo largo de la Edad de Bronce y en la Edad de Hierro, incluyendo el uso de lenguas semíticas. Incluso adoraron a muchos de los mismos dioses, a pesar de que sus nombres cambiaban a lo largo del tiempo y algunos sectores de la población gradualmente decidieron pasar del politeísmo al monoteísmo. ¿Pero, cuáles eran algunos de estos elementos que definían cómo los cananeos vivían, trabajaban, o incluso disfrutaban mientras merodeaban por el Levante?

## Comida

Los alimentos básicos de los cananeos eran el pan y vegetales cultivados o forrajeros. Había pocas plantas comestibles ya que el Levante tendía a ser árido y frecuentemente sufría sequías. Algunas de las comidas más populares eran frutas y verduras como higos, granadas, aceitunas, puerros, lentejas y dátiles. Algunas especias incluían el ajo, sal, miel, tomillo, menta, comino y cilantro. Estos podían ser cultivados o encontrados normalmente. Sin embargo, las especias aún eran raras, y muchas personas se acostumbraron a comer alimentos desabridos como pan sin sabor o sin endulzar para la mayoría de sus comidas. Solo las personas que podían ser consideradas nobles podían comer carne cada semana o incluso cada pocos días, ya que los animales vivos eran considerados mejores fuentes alimenticias que los animales muertos.

*Ilustración de una granada*

*Ilustración del cilantro*

Los panaderos hacían pan a partir de trigo o cebada, estos cereales o granos constituían casi el 70 por ciento de la dieta de una persona promedio, con al menos el 20 por ciento de la porción restante conformado por vegetales. No era común que los cananeos pobres comieran carne, ya que era cara y rara. Los animales domésticos eran más rentables cuando producían leche o esquilados por comida extra y materiales. La gente de Canaán normalmente poseía ovejas o cabras, ya que regularmente proveían material para el vestuario y leche. Matar a una significaba que el dueño podía tener carne y cuero, pero normalmente esto se hacía como un último recurso. Era mejor tener leche cada día que carne por algunas semanas.

La elaboración de pan era una actividad diaria en los hogares cananeos, y era generalmente hecha por mujeres. Las mujeres molían los granos utilizando un utensilio llamado molinillo. Este molinillo consistía en dos rocas, normalmente basaltos. Las personas que preparaban el grano triturarían los duros granos convirtiéndolos en harina en un proceso lento y laborioso. Una consecuencia negativa del uso del molinillo era que el basalto a menudo se rompía durante la molienda y terminaba siendo horneado dentro del pan. El basalto desgastaba los dientes de los cananeos y causaba problemas futuros como la pérdida de dientes.

*Basalto Blando*

La gente horneaba el pan en un objeto llamado tabún, que no debe confundirse con el gas nervioso del mismo nombre. Este era un horno cónico de arcilla que podía ser calentado desde el interior, generalmente quemando heces humanas y animales. El pan producido mediante este método era plano, ya que la masa era presionada contra las murallas del tabún. El grano sobrante podía ser remojado y convertido en papilla, mientras que otros restos eran fermentados para convertiros en cerveza bebible. El agua potable era escasa; la gente a menudo bebía alcohol diluido para evitar enfermedades.

Los cananeos vivían muy de cerca con sus animales. No era extraño tener incluso bestias domésticas como vacas o cabras vivir al interior de las casas para evitar los peligros del medio ambiente. Ya que la mayoría de los hogares consistían en una habitación única para dormir y reunirse, las personas debían descansar junto a sus animales. El almacenamiento se mantenía en un área separada, y se llenaba con lo que las familias pudieran obtener; casi uno de cada cuatro cultivos fallaba, por lo tanto, la gente necesitaba almacenar semillas y convertir sus comidas en materiales almacenables. Esto significaba usar aceite, líquidos fermentados, o contenedores sellados para después. La gente también daba comida extra a sus animales, porque se consideraba un método de almacenamiento independiente. El animal lo convertiría en energía que se sería retribuido en forma de carne o leche.

# Vestuario

No es mucho lo que se sabe acerca de lo que los cananeos vestían en su vida diaria, aparte de que estaba decorado de manera elaborada sin dejar de ser simple. En las primeras etapas de la Edad de Bronce, solo miembros ricos de la sociedad como los nobles tenían joyas de oro o bronce, pero esto cambió alrededor de la Edad de Hierro. Ya que el hierro era barato y abundante, personas de todos los estratos económicos podían vestir aros, collares y pulseras hechas de hierro. Tanto los hombres como las mujeres utilizaban joyas y maquillaje, siendo el kohl el cosmético más común por sus propiedades estéticas y físicas. Las personas elaboraban kohl triturando el mineral estibina hasta convertirlo en un polvo fino y mezclándolo con un líquido espesante. Por lo general, se aplicaba alrededor de los ojos y las cejas para producir una apariencia más gruesa y llena, brindando al mismo tiempo protección contra el sol; de manera similar a las líneas de pintura que usan los jugadores en el deporte moderno del fútbol americano.

*Estibina en el Museo Carnegie de Historia Natural*

Los cananeos se aplicaban maquillaje usando cucharas pequeñas o palos redondeados. El kohl era mantenido en un contenedor especial para evitar derrames o perder parte de la valiosa mezcla. Tanto hombres como mujeres adicionalmente se perfumaban con aceites y perfumes, aunque este lujo estaba principalmente reservado para miembros de la nobleza y otros individuos opulentos. Los nobles cananeos adicionalmente poseían ropas y costumbres que sus contrapartes más pobres. Los hombres y mujeres también usaban un frontal, el cual era similar a un cintillo, en sus frentes como una forma adicional de protección solar y decoración.

*Una Caja de Kohl del Siglo 15 a. e. c.*

## Actividades de Ocio

Como en la mayoría de las civilizaciones antiguas, los cananeos no tenían mucho tiempo para dedicar a actividades recreativas. La mayoría de las formas de relajación eran actividades grupales como cantar, bailar y contar historias. Algunos juegos han sido descubiertos alrededor de sitios arqueológicos, los que mayoritariamente consisten en dados y tableros con algunas piezas móviles. Un juego era similar al backgammon moderno. Las actividades populares entre miembros más ricos de la civilización incluían montar a caballo, lucha y carreras. Adicionalmente, los hombres jugaban a un juego similar al rugby, excepto que la pelota estaba hecha de madera y era más dura.

# Roles de Género

De manera similar a otras civilizaciones en la región de Mesopotamia, los cananeos tenían roles de género específicos y diferentes para hombres y mujeres. Si bien originalmente vivían casi al mismo nivel, y las mujeres tenían derechos como la habilidad de poseer propiedades o divorciarse, esto gradualmente cambió durante la Edad de Bronce. Los hombres eran vistos como la unidad primaria de poder dentro de una familia, y podían controlar a sus esposas, hijos, y otras familiares mujeres. Esto significaba arreglar matrimonios, controlar las finanzas del hogar, y representar la unión familiar en una sociedad más amplia.

Los hombres aprendían un oficio o una forma de vida cuando eran niños, usualmente a la edad de once o doce años. Esta era a menudo la misma profesión de sus padres, incluyendo opciones como ser un agricultor, orfebre, ganadero, pastor, o potencialmente un escriba. Considerando el estilo semi-nómada y agrario de los cananeos, la mayoría de los hombres eran agricultores pobres con poco poder político además del control sobre sus familias. Las mujeres dominaban el hogar, aunque se mantenían subordinadas a sus maridos y familiares hombres. Las niñas se formaban con sus madres y aprendían cómo administrar un hogar, cocinar, limpiar, criar niños, y sacrificar y preparar animales. Si tenían hermanos pequeños, ellas también solían estar a cargo de ellos.

Los miembros pobres de la sociedad cananea, como los agricultores, no aprendían a leer o escribir. La única educación que recibían era de sus padres, quienes les enseñaban un oficio y a cómo vivir. Las personas más ricas que vivían en Canaán podían convertirse en escribas, mercantes, o importantes guerreros bajo uno de los caudillos que controlaba una sección de territorio cananeo.

# Idiomas Cananeos

Ya que había varias culturas diferentes en Canaán y el Levante, hace sentido el hecho que no había una lengua única que se hablara en toda la región. Los estudiosos han podido revisar antiguos documentos para descubrir que había varios idiomas diferentes en Canaán, que cuentan como un subgrupo de una categoría conocida como las lenguas semíticas noroccidentales. Todos los idiomas cananeos dejaron de usarse durante el siglo 1 e. c., pero otros como el hebreo continuaron siendo escritos y utilizados por los descendientes israelitas de los cananeos, quienes formarían poblaciones judías alrededor del mundo.

Las lenguas cananeas se dividen en varias categorías. Estas incluyen los dialectos del norte de Canaán, el sur de Canaán, y un grupo conocido simplemente como Otro, ya que los académicos no están seguros si esta última era usada comúnmente. El único idioma en las agrupaciones del norte de Canaán es el fenicio, que surgió a lo largo de la costa mediterránea occidental del Levante. El fenicio era fácil de hablar y escribir, y puede ser encontrado en numerosos artefactos excavados en la región, incluyendo el sarcófago de Ahiram, el sarcófago de Tabnit, en el cipo de Melqart. Los artefactos son la mejor fuente de la lengua fenicia, ya que el clima no era adecuado para documentos escritos en papiro. Tal como lo dijo el académico Edward Lipiński,

> *La escritura alfabética fenicia era fácil de escribir en papiro o en hojas de pergamino, y el uso de estos materiales explica por qué prácticamente no hemos encontrado escritos fenicios (ni historia, ni registros comerciales). En sus ciudades cercanas al mar, el aire y el suelo eran húmedos, y el papiro y el cuero se pudrieron. De este modo desapareció la literatura de la gente que le enseñó a gran parte de la población mundial a escribir. Los únicos documentos escritos*

*de los fenicios y los cartagineses son inscripciones monumentales en piedra, algunas cartas efímeras o notas en restos de cerámica rota, y tres papiros fragmentarios. Por lo tanto, no se dispone de fuentes primarias tiras que daten de la épica de Hiram I.[6]*

El idioma fenicio de hecho fue uno de los primeros en expandirse por el Mediterráneo y formaría la base de muchos otros dialectos y escrituras, creando una gran contribución a la cultura mundial desde la humilde Canaán.

La lengua dominante de la categoría del sur de Canaán es el hebreo, que dejó de ser un idioma hablado alrededor de 200 al 400 a. e. c., sin conocer la fecha exacta. Continúa sobreviviendo a los tiempos modernos y posee diversas variaciones conocidas principalmente por referencias en artefactos y documentos escritos por otras civilizaciones. Estas versiones incluyen el amonita, moabita y edomita. Otras potenciales lenguas cananeas, dudosamente clasificadas como otras, son la ugarítica, el arameo combinado con las características de los idiomas del sur de Canaán, y la ecronita o semítica filistea.

Arqueólogos franceses descubrieron el ugarítico en 1929 cuando excavaron las antiguas ruinas de Ugarit, y encontraron escritos que no coincidían con ninguna lengua o dialecto conocido. Estudiosos hebreos han podido usar esta fuente para llenar vacíos o áreas grises de antiguos documentos y textos religiosos, y este descubrimiento ha sido considerado uno de los más importantes descubrimientos literarios desde que los eruditos lograron descubrir cómo descifrar jeroglíficos y pictogramas.

---

[6] Edward Lipiński, *Itineraria Phoenicia*, (Peeters Publishers & Department of Oriental Studies: 2004).

*Una Losa de Arcilla con el Alfabeto Ugarítico*

# Capítulo 6 – Canaán en las Escrituras Judías y Cristianas

No es de sorprenderse que gran parte del legado de Canaán esté relacionado con su presencia en las escrituras judías y cristianas. Gran parte del Antiguo Testamento fue escrito mientras la civilización cananea se encontraba viva y activa. La mayoría de las referencias a Canaán aparecen en el Pentateuco y en los libros de Jueces y Josué. De hecho, Canaán es mencionada la enorme cantidad de 160 veces a lo largo del Nuevo y Antiguo Testamento, y juegan el papel crucial como los enemigos y obstáculos de los israelitas en alcanzar su Tierra Prometida: la propia Canaán.

## Resumen del Antiguo Testamento

Canaán ocupa un lugar destacado en el Antiguo Testamento, lo que hace sentido ya que la civilización aún existía en el tiempo que las escrituras eran escritas. Estos pasajes comienzan con la creación del universo por Dios, mencionado como Yahvé en ediciones antiguas. Describe un grupo de personas quienes eran los descendientes de Abraham. Dios le prometió a Abraham que él y sus descendientes vivirían en la Tierra Prometida. Tras varias generaciones, fueron esclavizados en Egipto y no podían llegar a Canaán. Dios escogió a

Moisés para liberarlos de su esclavitud, y luego le entregó los Diez Mandamientos, además de varias otras reglas con las que las personas deben vivir. Según el Antiguo Testamento, estas personas eran los israelitas.

Cuando los israelitas no obedecieron las leyes de Dios, fueron condenados a vagar por el desierto por 40 años. Alrededor del 587 a. e. c., el Antiguo Testamento dice que los israelitas lograron conquistar a los cananeos, pero enojaron a Dios por adorar las deidades cananeas en lugar de solo a Él. Los pueblos vecinos invaden y Dios decide ayudar a los israelitas al designar a líderes específicos, incluyendo a Saúl y David. El hijo de David, Salomón, logró expandir al nuevo Israel en un masivo imperio, pero adora a los antiguos dioses cananeos y es maldecido. Tras su muerte, Israel se divide entre los reinos de Israel y Judá.

Ahora bien, muchos de estos eventos ocurrieron aproximadamente al mismo tiempo, pero los historiadores piensan que existen explicaciones no divinas para muchos de estos eventos. De acuerdo a registros encontrados alrededor del Levante, parecía que la cultura de los israelitas comenzaba gradualmente a superar las prácticas de los otros pueblos que vivían cerca de Canaán. Estas personas lograron finalmente establecer un reino, el cual enfrentó problemas con el vecino reino de Judá hacia el sur.

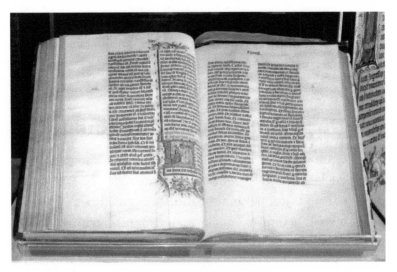

*La Biblia de Malmesbury*

# Resumen del Nuevo Testamento

Canaán no aparecen con tanta frecuencia en el Nuevo Testamento, el cual se concentra en las historias de Jesús de Nazaret. Sin embargo, a varias de las personas involucradas se las conoce como fenicios, un grupo cultural que vivía anteriormente en Canaán, y que luego se volvería parte de varios imperios diferentes, incluyendo a los babilonios y los acadios. Alrededor de la época en la que el Nuevo Testamento apareció en la historia, la región era vista frecuentemente como parte de Fenicia.

La primera sección del Nuevo Testamento discute la historia de Jesús, cómo reunió a sus discípulos, algunos de sus milagros, su muerte y resurrección. Varias de estas partes incluyen relatos de moralidad, y explicaciones de cómo los cristianos deben comportarse con ejemplos tomados de la vida de Jesús de Nazaret. Termina con la primera iglesia de Cristo siendo establecida, y cómo los discípulos debieron salir al mundo y difundir la palabra de Jesús.

Los siguientes libros son las epístolas, que son cartas entre líderes de la iglesia y ministerios o iglesias alrededor del mundo. Los historiadores creen que al menos siete de las cartas fueron escritas por el primer líder de la iglesia cristiana, Pablo. Todo el Nuevo Testamento termina con una visión apocalíptica de gente en Asia Menor viviendo bajo el opresivo Imperio romano.

## ¿Dónde está Canaán en la Biblia?

Uno de los principales aspectos de Canaán, de la manera en que es mostrado en las escrituras judías y cristianas (las que se entienden fácilmente divididas entre el Antiguo y Nuevo Testamento), es su tamaño. La civilización de Canaán se extendió por una gran región en el Levante, pero la Biblia solo utiliza la palabra "Canaán" para referirse a una franja de tierra cercana al mar en aproximadamente la misma ubicación que el Israel contemporáneo. El libro de Josué, en particular, indica claramente una sección de territorio mucho más pequeña que el Canaán real. Los cananeos también eran frecuentemente asociados con los fenicios, quienes visitaron la región en algún momento de la Edad de Bronce.

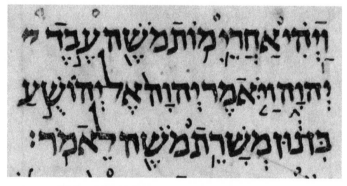

*La primera Frase en el Libro de Josué*

Adicionalmente, las escrituras judías y cristianas excluyeron a muchos de los grupos que conformaron Canaán. Por ejemplo, el término "Canaán" aparece y es también asociado con los hititas, quienes formaron una civilización independiente y diferente en el Levante. Sin embargo, otros grupos que podrían ser considerados cananeos por su etnia o ubicación son mencionados como pueblos separados. Entre estos se encuentran los arameos, amonitas, madianitas, moabitas y edomitas. Estos grupos, en cambio, son mostrados como descendientes de Sem o Abraham, de manera similar a los israelitas.

## La Tierra Prometida

El principal conflicto con Canaán ocurre tempranamente en la Biblia. Dios promete la tierra de Canaán a Abraham y sus descendientes, quienes se supone que deben conservarla para siempre. Eventualmente, Dios entrega la Tierra Prometida a los israelitas, quienes son los descendientes directos de Abraham y su familia. Esta versión bíblica plantea un pequeño problema, ya que evidencia arqueológica descubierta en el siglo pasado parece indicar que los mismos israelitas eran en realidad cananeos que vivieron en el Levante.

*Y el SEÑOR dijo a Abram, después que Lot fue separado de él, Alza ahora tus ojos, y mira desde el lugar donde estás, al norte, al sur, al este y al oeste. Porque toda la tierra que ves, a ti te la daré, y a tu descendencia para siempre. Y haré tu simiente como el polvo de la Tierra; de modo que, si un hombre puede contar el polvo de la Tierra, entonces tu simiente también será contada. Levántate, camina por la tierra a lo largo y al o ancho de ella; porque yo te la daré.[7]*

La Biblia hebrea contiene una sección llamada "Antiguos Profetas", que incluye partes de los libros de Josué, Jueces, Samuel y Reyes. Estos libros del Antiguo Testamento siguen a los israelitas tras la muerte de Moisés, quien los liberó de su esclavitud en Egipto. Ellos entraron a Canaán bajo un nuevo líder, Josué, y lograron reclamar el territorio bajo el nuevo nombre de Israel. Algunos

---

[7] Deuteronomio 18:9-11.

documentos de esta época aún existen, cuando este reino fue supuestamente establecido en la Edad de Hierro, incluyendo la Estela de Mesa.

Sin embargo, la victoria de los israelitas no duraría, ya que la región fue atacada por el Imperio neo-babilónico. La ciudad de Jerusalén cayó después de un asedio que duró entre 18 y 30 meses. En el año 586 a. e. c., una gran porción del reino fue completamente devastada, y sufría de una economía pobre y una población cada vez más reducida. Finalmente, los israelitas perdieron el control de la Tierra Prometida.

*La Estela de Mesa c. 850 a. e. c.*

## La reputación de Canaán

El legado de Canaán en las escrituras judías y cristianas es uno de negatividad, degradación, privación, e inmoralidad y libertinaje en general. Algunas citas bíblicas que describen a Canaán y los cananeos incluyen:

*Y dijo: Maldito sea Canaán; Siervo de siervos será a sus hermanos. Dijo más: Bendito el SEÑOR Dios de Sem, Y sea Canaán su siervo.*[8]

*Y habéis visto sus abominaciones y sus ídolos de madera y piedra, de plata y oro, que tienen consigo*[9]

*Cuando entres a la tierra que el SEÑOR tu Dios te da, no aprenderás a hacer según las abominaciones de aquellas naciones. No sea hallado en ti quien haga pasar a su hijo o a su hija por el fuego, ni quien practique adivinación, ni agorero, ni sortílego, ni hechicero, ni encantador, ni adivino, ni mago, ni quien consulte a los muertos.*[10]

*Porque todas estas abominaciones hicieron los hombres de aquella tierra que fueron antes de ustedes, y la tierra fue contaminada.*[11]

*No pienses en tu corazón cuando el SEÑOR tu Dios los haya echado de delante de ti, diciendo: Por mi justicia me ha traído el SEÑOR a poseer esta tierra; pues por la impiedad de estas naciones Jehová las arroja de delante de ti.*[12]

Las escrituras judías y cristianas principalmente apuntaban a varios elementos clave del estilo de vida cananeo. Uno de los primeros y más importantes es el uso de ídolos para el culto religioso, al que se hace referencia como el pecado de la idolatría. En las religiones abrahámicas como el judaísmo, cristianismo, y el islam,

---

[8] Génesis 9:25-26.
[9] Deuteronomio 29:17.
[10] Deuteronomio 18:9-11.
[11] Levítico 18:27.
[12] Deuteronomio 9:4.

la práctica de la idolatría ocurre cuando alguien adora a un objeto en lugar de a Dios. La Biblia crea una conexión entre las estatuas creadas por los cananeos y esta práctica prohibida.

*Moisés Indignado por el Becerro de Oro por*
*William Blake, 1799-1800*

Otra práctica mencionada frecuentemente en la Biblia, pero sobre la cual los arqueólogos han encontrado escasa evidencia, era el sacrificio de niños. Los historiadores saben que muchas de las civilizaciones que rodeaban a Canaán efectivamente practicaban el asesinato de niños de dos meses o menos, pero no hay suficiente evidencia que indique que los cananeos aceptaran la misma práctica. Aun así, la Biblia menciona múltiples veces el sacrificio de jóvenes humanos, y es considerado uno de los grandes horrores de la salvaje y pecadora Canaán. Finalmente, muchas acusaciones se hicieron alegando que los cananeos practicaban artes mágicas prohibidas, o que hablaban con los muertos.

Excavaciones arqueológicas hechas en los siglos 20 y 21 contradicen partes de las escrituras cristianas y judías. Por ejemplo, muchos creen que los israelitas no fueron una etnia diferente, y que en realidad era parte de Canaán. Fragmentos de huesos y cerámica y documentos sobrevivientes parecen indicar que los israelitas gradualmente inmigraron a la región de Canaán en algún momento de los años 1100 a. e. c., en lugar de llegar al área por medio de una migración masiva desde Egipto. El dios cananeo El era frecuentemente mencionado al mismo tiempo que el hebreo Yahvé, y la mayoría de los documentos mitológicos sobrevivientes los consideran como la misma deidad con dos nombres distintos.

Los restos sobrevivientes de la mitología parecen demostrar un cambio en la forma en que la gente del Levante veía a sus dioses. Si bien la mayoría de los cananeos estaban contentos permaneciendo politeístas y mostrando su devoción a múltiples deidades, señalando a una de ellas como la más poderosa, los israelitas o un grupo de personas similar a ellos comenzaron a practicar el monoteísmo y a afirmar que solo una deidad era responsable por la creación del cosmos. El siguiente capítulo discute la religión cananea en más profundidad y proporciona una idea acerca de las prácticas que las escrituras judías y cristianas veían como pecadoras y malvadas.

# Capítulo 7 – Religión y Culto

Los cananeos eran politeístas, lo que significa que adoraban a más de una deidad. Algunas secciones de la civilización también practicaban la monolatría. La monolatría es la práctica donde una cultura cree en la existencia de muchos dioses, pero elige adorar solo a uno. En la mayoría de las ciudades-estado y asentamientos, las deidades eran categorizadas en un sistema de cuatro niveles como se describe a continuación:

1. El nivel más alto, que consistía en El y Astarot

2. Deidades activas y dioses protectores como Baal

3. Dioses artesanos responsables por la artesanía

4. Dioses mensajeros que ejecutaban las órdenes de otras deidades

Muchas de las deidades tenían palacios en todo el cosmos, usualmente cerca de los fenómenos naturales que correspondían a sus poderes o áreas de control. Por ejemplo, el dios de la muerte vive bajo el mar en un enorme abismo, mientras que Hadad, el dios de las tormentas, vive en lo alto de las nubes. Durante los primeros años de Canaán no había templos oficiales o palacios de adoración, pero esto cambió alrededor de la Edad de Bronce Media. Algunos importantes dioses que no tienen su propia sección en este libro son:

- Dagón: el dios de los granos y cultivos

- Kotharat: la diosa del matrimonio y el embarazo

- Lotan: la serpiente de siete cabezas (también vista como un dragón)

- Nikkal-wa-Ib: la diosa de los huertos y las frutas

- Reshef: el dios de las plagas y la curación

Los estudiosos contemporáneos se han percatado que muchos de los dioses cananeos tienen contrapartes en el panteón que controlan la parte opuesta del espectro, como la diosa del amanecer reflejada en una diosa del crepúsculo. A continuación, se muestra una lista con algunas de las deidades más importantes, junto con los mitos existentes que los historiadores tienen.

# El

En el idioma de los cananeos, "El" se usaba como un término genérico para cualquier dios del panteón, pero también para una deidad específica vista como el dios que estaba por encima de los demás. Él era el jefe de todos los panteones y generalmente se lo veía como una figura paterna para los otros. Los cananeos lo consideraban el creador de los humanos y de todas las criaturas en el universo. También engendró a muchos de los otros dioses, incluyendo a los poderosos Hadad, Yam, y Mot.

La mitología señalaba que vivía en una tienda de campaña en el monte de la noche, lo que posiblemente explica por qué normalmente no tenía templos para su adoración. En esta región había dos ríos que fluían de un arroyo con dos fosas, o lagunas. No se saben si contenían agua dulce o de mar, pero algunos plantean la hipótesis que alimentaban la vida en el cosmos.

Uno de los amuletos de Arslan Tash lleva una inscripción que los estudiosos contemporáneos creen que hace referencia a El. Los amuletos de Arslan Tash son talismanes descubiertos por arqueólogos en una excavación ubicada al norte de Siria. Según la traducción de Frank Moore Cross, esta dice:

*El Eterno ('Olam) ha hecho un pacto de juramento con nosotros,*

*Astarot ha hecho (un pacto con nosotros).*

*Y todos los hijos de El,*

*Y el gran concilio de todos los Santos*

*Con juramentos del Cielo y la Tierra Antigua.*[13]

Como muchas otras deidades en civilizaciones antiguas, El estaba asociado con el toro sagrado. Tanto él como su hijo mayor llevaban tocados con cuernos de toro. El toro simbolizaba fuerza y fertilidad, demostrando dos de las cualidades con las que El era asociado. No es de sorprenderse que el toro sagrado apareciera en la religión cananea por ser un símbolo común en muchas civilizaciones antiguas, apareciendo incluso en la prehistoria, antes de que existieran registros escritos. Existen pinturas de 17.000 años de antigüedad que muestran toros prominentes, las cuales se ubican en cuevas cerca de Lascaux, Francia, que poseen las mismas características, particularmente exageradas, y largos cuernos, tal como el toro sagrado de los cananeos.

---

[13] Frank Moore Cross, *Canaanite Myth and Hebrew Epic: Essays in the History of the Religion of Israel* (Cambridge: Harvard University Press, 1997), 17.

*Pintura Rupestre de Lascaux*

El tenía muchos nombres. Algunos de ellos incluían Tôru 'Ēl ("Toro Ēl" o "el dios toro"), qāniyunu 'ôlam ("creador eterno"), 'abū banī 'ili ("padre de los dioses"), y ēl 'ôlam ("dios eterno"). Alrededor de los siglos 9 y 8 a. e. c., El también se volvió asociado a Yahvé, quien se volvería la máxima deidad de los israelitas. Estas palabras fueron encontradas en tablillas descubiertas en Ugarit, una antigua ciudad puerto en la Siria moderna. Algunos descriptores adicionales incluyen el de barba gris, lleno de sabiduría, y el antiguo. Numerosos mitos acerca de él discutían cómo surgieron los otros dioses, y que demuestran algunas de las áreas que se creían que estaba bajo su control.

En uno de ellos, El construyó un santuario en el desierto para él mismo, sus esposas, y sus hijos. Algunos académicos piensan que El controlaba regiones del mundo cubiertas en desiertos, pero este es el único relato que menciona a una región específica en lugar de todo el cosmos.

Otra famosa historia es un texto encontrado en Ugarit llamado *Shachar y Shalim*. El visitó el mar, vio a dos mujeres en el agua y se excitó. Les pidió a las dos mujeres que lo acompañaran, mató a un pájaro usando una lanza, y comenzó a cocinarlo. El solicitó que las mujeres le avisaran cuando estuviera listo, y que luego se dirigieran a él como su padre o su esposo, y que actuaría como tal con ellas. Ellas decidieron llamarlo esposo, tras lo cual durmieron juntos. Cada mujer quedó embarazada y tuvo un hijo. Estos dos bebés se volverían Sachar y Shalim, quienes se convertirían en el amanecer y el crepúsculo. Luego de más encuentros, estas dos esposas darían a luz a muchos otros dioses. No se conocen sus nombres, pero una gran cantidad de académicos piensa que al menos una de ellas era la novia jefe, Astarot.

# Astarot

Astarot era la diosa madre en religiones semíticas antiguas y la consorte de El, aunque otras fuentes también indican que estaba casada con Yahvé, quien comandó la destrucción de sus templos para centrarse solamente en su adoración. Dependiendo de la fuente, se cree que Yahvé es otra forma de El, ya que los dos aparecen con frecuencia como una sola unidad en diversos textos. Como El, Astarot poseía varios títulos que mostraban su poder en el cosmos, entre ellos estaban rabat ʾAṯirat yammi ("dama Athirat del mar"), qaniyatu ʾilhm ("la creadora de los dioses"), Elat ("diosa"), y Qodesh ("santidad").

Sus sitios de adoración estaban generalmente marcados con postes de Astarot. Estos postes eran árboles sagrados o largos postes que se encontraban cerca de los sitios religiosos dedicados a esta diosa en Canaán, e indicaban que un templo estaba dedicado a ella. De acuerdo a múltiples textos ugaríticos, ella era la madre de más de 70 dioses, y estaba asociada con los cielos y la fertilidad. La Biblia hebrea también la menciona varias veces, en una de ellas según un culto que supuestamente practicaba su adoración con ídolos.

Existen varias estatuillas de Astarot, así como pictografías. La que se muestra a continuación fue encontrada en un fragmento de cerámica en la península del Sinaí. La traducción del texto parece decir "Yahvé y su Astarot", posiblemente en referencia a El y su esposa.

*Yahvé y su Astarot*

## Mot

Mot fue uno de los hijos mayores y más poderosos de El. Servía como el dios de la muerte y el inframundo, y frecuentemente parecía tener conflictos con sus hermanos. Lo que es interesante acerca de su posición en la mitología cananea es que él era la personificación viva de la muerte, no solo el regidor del inframundo. Era adorado por varios pueblos además de los cananeos, incluyendo a la gente de Ugarit, los fenicios, algunos de los hebreos en el Antiguo Testamento Bíblico, y potencialmente los hurritas e hititas.

De acuerdo a textos descubiertos, Mot supuestamente vivía en la ciudad de Hmry (Mirey). Su trono era un enorme pozo, y la inmundicia era su herencia. Chocó cabezas con numerosas otras deidades, amenazando con devorarlas completas con su apetito monstruoso. Esto puede verse en algunas historias traducidas, incluyendo una donde Baal, quien pertenecía a la categoría de los mensajeros, daba instrucciones a los sirvientes debajo de él:

*que no vengas cerca de la divina Muerte,*

*para que no te ponga com un cordero en su boca,*

*(y) ambos se dejarán llevar como un niño al cortar su tráquea.[14]*

El apetito de Mot lo puso en aprietos en numerosas ocasiones. Cuando la deidad Baal (también llamado Hadad) lo invitó a cenar, en lugar de ello Mot amenazó con devorar a Baal e intentó cumplir esa promesa. Los otros dioses lo engañaron haciéndole creer que había tenido éxito, pero luego una de las hermanas de Baal se le escabulló por detrás y lo cortó con un cuchillo, pasó sus restos por un tamiz, lo trituró con una piedra de molino, y arrojó los restos a un campo. Mot tardó siete años en recuperarse, y amenazó nuevamente a Baal, exigiendo que le dieran de comer a sus hermanos. Ellos se negaron, y Mot amenazó con guerra hasta que él fue informado que su padre, El, lo expulsaría de su trono por su comportamiento. Mot reconoció su derrota y regresó al inframundo.

## Baal o Hadad

Después de su padre, Baal era uno de los dioses más importantes de la religión cananea. Él era el principal dios de las tormentas y la lluvia, y generalmente aparecía barbudo, con un garrote, y un tocado de toro como su padre, El. Uno de los mitos más importantes lo enfrentó a su hermano, Mot, quien quería su posición en el cielo. Baal fingió estar muerto, y una de sus hermanas, quien también habría sido hermana de Mot, lo incapacitó por siete años.

---

[14] U. Cassuto, "Baal and Mot in the Ugaritic Texts," *Israel Exploration Journal* 12, no. 2.

*Estela de Baal con Rayo*

Baal parece haber tenido numerosos equivalentes en otras civilizaciones antiguas, incluyendo al griego Zeus, y al hitita Tarhunt o Tasheb. Existen algunos mitos donde él aparece de manera prominente, incluyendo uno donde lucha contra su padre, El. El designó a uno de sus hijos, Yam, y lo convirtió en el jefe de todos los otros dioses. Él exigió que asegurara su poder alejando a Baal de su puesto. Los dos pelearon, y Baal parecía estar perdiendo, hasta que el artesano divino, Kothar-wa-Khasis, golpeó a Yam en la espalda con dos garrotes. Baal luego terminó la pelea. Yam muere y Baal esparce sus restos al viento, asegurando su posición como el "jinete en las nubes".

Otro infame relato cuenta como Baal derrotó a Lotan, un dragón marino con muchas cabezas, con ayuda de su hermana. Desafortunadamente no quedan muchos documentos que expliquen su la victoria, aparte de afirmar que Lotan cayó en las manos de Baal. Finalmente, estaba el conflicto de Baal con Mot, parcialmente explicado anteriormente. Cuando el palacio de Baal fue construido, él invitó a muchas de las otras deidades a un lujoso banquete. Mot se sintió ofendido cuando se le pidió comer pan y vino, cuando él tenía un voraz apetito, y por ello comenzó la guerra con Baal. Esta solo terminó cuando El intervino y les dijo a sus hijos que estaban en las posiciones adecuadas, y que ningún conflicto continuaría.

Los motivos de tormenta y lluvia de Baal fueron naturalmente asociados con la agricultura y la fertilidad. Sin él, los cananeos no habrían tenido cultivos germinantes, ni tampoco cultivar alimentos ni conseguir agua de lluvia. Esto se ve en el mito donde él lucha con Mot, ya que su supuesta muerte resulta en una larga sequía que azota la tierra de los mortales. A medida que la Edad de Bronce avanzaba, los mitos comenzaron a incorporar la idea de que Baal también era una deidad temible y belicosa, que usaba su control sobre las tormentas como un arma contra sus enemigos.

# Yam

El príncipe Yam era el dios cananeo del mar, responsable por el agua y las criaturas que viven en ella. El era uno de los hijos originales de El, y es frecuentemente comparado con Poseidón en tiempos contemporáneos. Vivía bajo el océano en el abismo, donde construyó su palacio. Muchos mitos lo consideran como el dios sobre el poder primordial del mar, en constante furia. También controlaba las tormentas que llevaban marinos a sus muertes.

Quedan muy pocos mitos sobre Yamm, excepto sobre el de su lucha con Baal, explicado anteriormente. A continuación, se muestra un fragmento traducido de un documento recuperado sobre la lucha:

*Y el arma brota de la mano de Baal,*

*Como un rapaz entre sus dedos.*

*Esta golpea el cráneo del príncipe Yam,*

*entre los ojos del juez Nahar*

*Yamm se derrumba, y cae a la tierra:*

*sus articulaciones se estremecen, y su columna tiembla.*

*Entonces Baal arrastra a Yam y lo corta en pedazos;*

*Acabaría con el juez Nahar.*[15]

Luego de su derrota, pareció que los cananeos lo veían como muerto, mientras continuaban adorándolo, una extraña contradicción. Los documentos lo asociaban con un leviatán, y uno de sus sobrenombres era "la serpiente", además de "juez Nahar". Algunos estudiosos creen que su batalla contra Baal fue un clásico ejemplo de un mitema de Chaoskampf, que esencialmente es una leyenda donde un dios derrota al ser primordial del caos.

*Destrucción de Leviatán por Gustave Doré*

---

[15] Traducción estándar de *Key Alphabetische Texte aus Ugarit.*

# Anat

Una deidad final que debe ser mencionada es Anat, la diosa virgen de la guerra. Ella era la hermana de Hadad, Mot y Yam, y jugó un rol fundamental en numerosos mitos. En el *Ciclo de Baal* ugarítico, ella es principalmente mencionada como la hermana y posible amante de Baal (Hadad), y era la diosa que cortó y molió a Mot antes de esparcirlo en un campo en venganza. Ella era una figura interesante en civilizaciones antiguas, ya que era una deidad femenina de guerra en una época donde la mayoría de los dioses guerreros eran hombres. Algunos historiadores la comparan con Atenea, la diosa griega de la sabiduría y la guerra.

Unos pocos fragmentos de los documentos ugaríticos la presentan como una figura intimidante e imponente. Un pasaje la describe vadeando por charcos de sangre que llegaban hasta las rodillas en un campo de batalla, salvaje, vengativa, y feroz. Ella cortaba las manos y las cabezas de sus enemigos, y luego los colgaba de su cinturón y exhibía como trofeos. También atacaba a los no combatientes, y expulsaba a los ancianos y habitantes de sus asentamientos bombardeándolos con flechas desde su arco. Anat afirma haber sido la destructora de muchas otras deidades, incluyendo la serpiente de siete cabezas, Zabib, Atik, Yam, e Ishat.

Otra historia protagonizada por Anat, pero que está incompleta en los textos ugaríticos, es su búsqueda de un arco que creía que era legítimamente suyo. Fue hecho por la deidad de un artesano, y estaba destinado a Anat, pero luego fue entregado a un mortal como un futuro regalo para su hijo. Furiosa, Anat exigió a El que le permitiera vengarse, y envió un halcón para golpear al hijo del hombre y recuperar el arco y las flechas que lo acompañaban. En cambio, el halcón lo mata accidentalmente, y es perseguido hasta el mar por la iracunda Anat, y el arco se pierde. La historia termina cuando la hermana del hijo asesinado comienza a buscar venganza por la asesina de su hermano.

# Prácticas Religiosas

Muchas deidades cananeas eran adoradas y representadas por estatuillas ubicadas en las cimas de los cerros. Lugares altos rodeados por árboles eran también considerados sagrados, y eran específicamente prohibidos y atacados por la Biblia y el Antiguo Testamento. Era en estos tipos de ubicaciones que los especiales postes de Astarot eran colocados.

Los arqueólogos han encontrado poca información relacionada a cómo los cananeos adoraban a sus deidades más allá de la construcción de templos. Alrededor de estas estructuras, los académicos descubrieron huesos de muchos animales, incluyendo burros. Muchos profesionales creen que los cananeos sacrificaban animales como forma de pagar tributo a los dioses y asegurar cosechas abundantes y gente próspera.

Sobre si había o no sacrificios de niños aún es objeto de debate. La biblia hebrea muestra a los cananeos sacrificando cientos, sino miles, de bebés de un mes de edad al dios Mot, pero existe poca evidencia física que apoye esta teoría. Si bien muchas de las civilizaciones circundantes en el Levante sí recurrían a esta práctica, los documentos no contienen ninguna referencia sobre si los cananeos también lo hacían. También se hacían ritos sexuales de fertilidad, pero eran infrecuentes y no formaban parte del culto diario. Los ritos de fertilidad generalmente se relacionaban a la fertilidad agrícola más que con la de humanos o animales; ya que la lluvia era tan escasa en Canaán, la gente se concentraba en intentar convocar a las tormentas o complacer a Baal para que los cultivos germinaran y crecieran.

Las prácticas religiosas de los cananeos enfatizaban mucho los funerales. Los niños eran responsables del cuidado y tratamiento de los cuerpos de sus padres, y se esperaba que se encargaran del entierro. Los hijos mayores solían elegir los preparativos, y no era raro que las personas fueran enterradas con una de sus posesiones.

Las personas adineradas generalmente tenían algo para mostrar su riqueza.

# Conclusión

Entonces, al final ¿qué les ocurrió a los cananeos? Ya que la civilización no mantenía registros propios, es difícil para los historiadores reconstruir la situación exacta de los miembros restantes del otrora gran pueblo. Sin embargo, nueva evidencia arqueológica arroja algo de luz acerca de donde los cananeos podrían haberse ido. ADN obtenido de esqueletos encontrados alrededor del Levante indican que las personas de Canaán parecieron integrarse en otras sociedades y civilizaciones existentes, y lograron transmitir su material genético.

En particular, un estudio realizado por Marc Haber, un genetista, descubrió que el ADN obtenido de una muestra de 99 personas libanesas coincidía en un 90 por ciento con las muestras obtenidas de antiguos esqueletos cananeos. Basados en esta información, es posible para los historiadores y científicos inferir que los cananeos no abandonaron la región, y que, en cambio, se mezclaron con otros pueblos.[16]

---

[16] Marc Haber, et al. "Continuity and Admixture in the Last Five Millennia of Levantine History from Ancient Canaanite and Present-Day Lebanese Genome Sequences". *The American Journal of Human Genetics* 101, no. 2 (July): 274-82. https://doi.org/10.1016/j.ajhg.2017.06.013.

Este uso del ADN tuvo un beneficio adicional, Haber y su equipo pudieron determinar exactamente de donde se originó la gente de Canaán en primer lugar. Nuevamente, basándose en estas muestras, Haber y otros determinaron que la población de Canaán eran mitad agricultores que estuvieron en la región por 10.000 años, mientras que la otra mitad coincide con ADN de pueblos originados en Irán. Estos datos sugieren que hubo una migración masiva del este hace más de 5.000 años desde Irán al Levante.

Cuando se trata de pueblos antiguos, descubrir qué ocurrió es en parte examinar documentos y en parte ciencia. Como ocurre con cualquier fuente sacada de la historia, los registros antiguos deben tomarse con cautela, porque a menudo existen prejuicios inherentes por parte de los escritores. Por ejemplo, los egipcios podrían representar a Canaán como débil, ya que fueron enemigos en diferentes épocas. Los registros también suelen ser destruidos por el tiempo, por lo que los investigadores deben rellenar los huecos de la mejor manera posible. La ciencia puede ayudar a rellenar estas áreas en blanco, como es el caso de lo que sucedió con los cananeos. Basados en evidencia, pareciera que la civilización cananea simplemente fue dominada por una cultura diferente en la región, en este caso, los israelitas.

El legado de Canaán en la civilización occidental no es bueno. Debido a que gran parte de la cultura occidental se basa en información escrita en la Biblia, muchas personas creen que los cananeos eran un pueblo pecador que cometía atrocidades como sacrificios de niños, pero los científicos e historiadores no están tan seguros. A medida que se descubra más información, tal vez el legado de Canaán cambie y se vuelva más positivo.

# Segunda Parte: Hititas

*Una fascinante guía del antiguo pueblo de Anatolia que estableció el imperio hitita en la antigua Mesopotamia*

# Introducción

¿Quiénes fueron los hititas? Mucha gente podría reconocer su nombre en varias historias de la Biblia Cristiana, pero también tenían toda una cultura e historia basada en su hogar en Anatolia. Desafortunadamente, toda esta civilización se perdió hasta que los desarrollos del siglo pasado revelaron que no era un reino mitológico de la Biblia, sino una cultura genuina y floreciente que había sido sepultada por el tiempo.

## Vacíos en el conocimiento

Debido a que los hititas son una civilización extremadamente antigua, los arqueólogos e historiadores se enfrentan a dificultades cuando intentan encontrar la verdad sobre su historia, cultura, éxitos y fracasos. Muchos documentos se han perdido en las arenas del tiempo, asumiendo que fueron escritos en primer lugar. La mayoría de las personas eran analfabetas y no podían registrar las cosas que veían, pensaban o hacían regularmente. La información que se escribía no siempre se almacenaba, ya que muchos escribanos utilizaban placas o láminas de arcilla que podían borrarse fácilmente al suavizar el material. Solo cuando se horneaba, una tabla podía sobrevivir.

Otro problema para identificar la información es la gran cantidad de idiomas que dominaban en Anatolia. Los hititas tenían una tendencia a prestar y tomar prestadas sus palabras, así como sus prácticas, y los historiadores y lingüistas tienen dificultades para identificar cómo se desarrolló su lenguaje a lo largo del tiempo. Aun así, se descubrió que los hititas tenían su propio idioma indoeuropeo escrito en cuneiforme. Muchos de estos registros han sido descubiertos, pero como se mencionó antes, muchos otros siguen estando desaparecidos para siempre.

## ¿Cómo sabemos de los hititas?

A pesar de tener más de 4.000 años de antigüedad, la mayor parte del conocimiento sobre la civilización hitita no llegó al público moderno hasta el siglo pasado. Aunque las primeras ruinas fueron descubiertas en 1834, el erudito francés que las encontró no se dio cuenta de su origen. Otra evidencia sobre la posibilidad de que los hititas fueran reales, y no solo las figuras mencionadas en la Biblia, apareció cuando las tablillas asirias comenzaron a mencionar a un grupo de personas de un lugar llamado Hatti. También se encontrarían registros en Egipto que hacían referencia a un reino de Kheta. Los eruditos relacionaron a Kheta con Hatti y eventualmente con los hititas bíblicos. Esta teoría fue aceptada a finales del siglo XIX y dominaría durante el siglo XX, cuando se dio a conocer la mayoría de los conocimientos hititas.

El arqueólogo Hugo Winckler descubrió la clave más importante para el conocimiento de los hititas: un archivo real con más de 10.000 tablillas de arcilla inscritas en cuneiforme y en una lengua desconocida que coincidía con una descubierta en las obras asirias y egipcias. Con el tiempo, los profesionales determinaron que las ruinas recientemente desenterradas en Boğazköy, Turquía pertenecía a un grupo que controlaba la zona y la región circundante, lo que indicaba que en Siria faltaba una potencia que no se conocía. Winckler también probó que las ruinas eran parte de una ciudad capital, que más tarde se revelaría como el centro hitita de Hattusa.

A partir de 1907, las excavaciones arqueológicas dirigidas por el Instituto Arqueológico Alemán han estado en marcha en y alrededor de Boğazköy. Hubo algunas interrupciones durante la Primera y Segunda Guerra Mundial, pero los estudiosos han podido descubrir más registros, sitios de entierro, piezas de arte y relieves de piedra pertenecientes a los hititas desde la interrupción. Es a partir de estos hallazgos que el público contemporáneo puede vislumbrar la compleja y a veces confusa sociedad que dominó la antigua Siria durante la Edad de Bronce.

## El Legado de los Hititas

A pesar de ser militarista, el legado duradero de los hititas es uno de diplomacia, comercio y sincretismo. Los documentos indican que los gobernantes hititas fueron algunos de los primeros en llevar a cabo una forma de diplomacia internacional entre los muchos pueblos que ocupaban Anatolia. Tampoco estaban dispuestos a enviar rutas comerciales a zonas particularmente peligrosas para evitar la pérdida innecesaria de vidas humanas, sin importar cuán valiosos pudieran haber sido los recursos. Aunque este enfoque varió según el monarca a cargo, los hititas crearon un precedente permanente de relaciones diplomáticas en Extremo Oriente y Asia Menor. Por estas razones, así como por el sincretismo cultural y religioso de los hititas, continúan siendo una de las civilizaciones antiguas más influyentes de principios de la Edad del Bronce y merecen un lugar en la historia.

# Capítulo 1 – El Origen de los Hititas en la Edad De Bronce

## ¿Qué Fue la Edad de Bronce?

Los historiadores frecuentemente dividen la historia antigua en tres períodos llamados la Edad de Piedra, Bronce y Hierro. Cada período describe los pueblos que estuvieron alrededor y los eventos que ocurrieron mientras los antiguos humanos usaban herramientas y armas hechas de cada uno de los tres materiales. Las culturas del Cercano Oriente y el Sur de Asia llegaron a la Edad de Bronce alrededor del 3300 a. C., y pasaron a la siguiente etapa en el 1200 a. C. Durante esta época, las civilizaciones fueron capaces de producir bronce a través del proceso de fundición de cobre y aleación con arsénico o estaño, o intercambiaron por armas y herramientas de bronce con otras culturas.

*La difusión de la Metalurgia en el Cercano Oriente y Europa*

Como se ve en el mapa anterior, la región donde vivían los hititas fue una de las primeras en entrar en la Edad de Bronce. Establecieron su civilización en Anatolia, que era una zona de Asia Menor donde existe la actual Turquía. Había numerosas fuentes de mineral de cobre que podían ser extraídas para formar suficientes armas para apoyar un ejército. Los hititas habrían estado cerca de varias de estas áreas. Los estudiosos encontraron evidencia que apoyaba la idea de que los hititas eran excelentes herreros que se las arreglaban para producir y refinar el bronce y crear armas robustas que ayudarían a sus militares a extender su civilización por toda Anatolia. La civilización continuó existiendo en esta región durante la transición a la Edad de Hierro, mostrando poco movimiento después de su inmigración inicial a la zona.

## Movimiento hacia Anatolia

Los hititas fueron un pueblo que entró en Anatolia alrededor del 2000 a. C. La capital hitita sería eventualmente Hattusa, una zona próspera cerca de la moderna Boğazkale, Turquía. Su imperio no se desarrollaría hasta alrededor del 1600 a. C., cuando fueron capaces de consolidar su poder.

*Mapa que destaca la Turquía moderna, antes Anatolia*

Los hititas gradualmente asimilaron y conquistaron a los pueblos nativos, específicamente, los hurritas y los hititas, y difundieron su cultura y su lengua por toda la región. La manera más fácil para los estudiosos de examinar el movimiento hitita temprano durante este período es rastrear el idioma hitita, que era una variante indoeuropea diferente del lenguaje de los hurritas y los hititas.

Muchos estudiosos tienen la hipótesis de que el movimiento hitita en Anatolia fue el catalizador de una gran migración de Anatolia hacia el oeste. Esta migración sigue una teoría de dominó, en la que el movimiento de los hititas hacia Anatolia forzó a los nativos de Anatolia hacia el oeste, lo que a su vez causó la migración de los pueblos de habla griega del medio helénico hacia el sur de Grecia. El término arqueológico "heládico" se refiere a una serie de períodos que ocurrieron durante la Edad de Bronce en la historia y el arte griegos, lo que puede verse en los cambios en los fragmentos de cerámica recuperados en los sitios de excavación.

La mayor parte de la información conocida sobre los hititas se remonta a documentos y objetos como estatuas encontrados en todos los países modernos que ahora habitan la región geográfica de la antigua Anatolia. En particular son artículos que poseen escritura en una forma única de escritura cuneiforme que demuestra las diferencias lingüísticas que ocurrieron en toda Anatolia después del movimiento de los hititas.

## Escritura Cuneiforme

Eventualmente los hititas adoptarían una escritura cuneiforme de los remanentes de los asentamientos asirios que quedaron después de la caída del gran imperio asirio. La escritura cuneiforme es una de las formas más antiguas de lenguaje escrito, originalmente desarrollada por los sumerios. Los escribas usaban tablillas de arcilla que aún estaban húmedas como superficie de escritura. Las formas se hacían usando un cálamo para formar cuñas que se convertirían en pictogramas, o símbolos de palabras o frases comunes. El cuneiforme hitita se refiere a la versión escrita del lenguaje hitita, que poseía pocos caracteres únicos y era más simple que algunas otras variaciones, como el acadio semítico.

Era raro que se conservaran las tablillas cuneiformes. Los materiales importantes podían ser horneados una vez que la arcilla tenía inscripciones, pero la cocción se reservaba principalmente para las estatuas o los documentos religiosos importantes. En su lugar, la arcilla podía limpiarse y reinscribirse según fuera necesario. Los hititas utilizaban el cuneiforme aprendido de los asirios para llevar registros de las transacciones o enviarse cartas. Muchos de los especímenes arqueológicos encontrados en los tiempos modernos no estaban destinados a durar. En su lugar, fueron preservados con frecuencia cuando un enemigo o invasor quemó parte de una ciudad, horneando efectivamente los documentos en los edificios donde fueron almacenado.

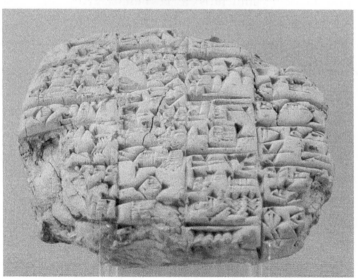

*Dos ejemplos de letras cuneiformes, 1300 a. C., y 2400 a. C.*

Otra información proviene de documentos escritos por los dos principales enemigos de los hititas: los egipcios y los asirios. Ambos grupos poseían escribanos que escribían en cuneiforme o en jeroglífico, y los recursos necesarios para crear registros adecuados sobre los movimientos políticos y militares de la región. Aunque gran parte de la obra hitita se perdió después de la caída del imperio hitita, civilizaciones como la egipcia sobrevivieron durante milenios y actualmente poseen documentos que los historiadores contemporáneos pueden utilizar para reconstruir la vida y los tiempos de los hititas nobles y medios por igual.

## El Hitita Promedio

Aunque los hititas eran militaristas, la persona promedio sería un agricultor o artesano si fuera hombre y una esposa, madre y administradora del hogar si fuera mujer. Las esposas, madres e hijas aprendían a tejer lino y lana en telas y textiles para la ropa y frecuentemente plantaban y cosechaban los cultivos junto con sus esposos, padres e hijos. Muchos hombres eran trabajadores contratados o poseían una pequeña parcela de tierra que utilizaban para proporcionar alimentos a la familia. Aquellos que eran artesanos, como los trabajadores del cuero, también podían usar su oficio para hacer productos como botas y vendérselas a otros.

Las mujeres generalmente se casaron en la adolescencia temprana, poco después de la pubertad. Los hombres tendían a ser un poco mayores para poder alimentar y cuidar de la familia. La mayoría de los miembros de la clase baja eran monógamos, pero no era raro que los nobles y monarcas tuvieran varias concubinas o esposas. Varios reyes notables solían tener al menos dos esposas con varios hijos reconocidos por la familia real.

Cuando no se dedicaban a los asuntos o a proveer a las familias, la gente se entretenía con la música o los deportes. Algunos instrumentos comunes eran la lira y el arpa, dos aparatos que habían existido por más de 1.000 años cuando los hititas se mudaron a Anatolia. Los deportes populares incluían carreras a pie o en carros, boxeo y tiro con arco. Su sociedad era patriarcal, lo que significaba que los hombres controlaban la sociedad y ocupaban las posiciones en el gobierno. A pesar de esto, las mujeres podían ser empleadas en múltiples sectores como especialistas que hacían textiles o artículos de cuero, bailarinas, incluso trabajadoras agrícolas remuneradas. La religión era un elemento crucial de la vida cotidiana y la gente común conocía a docenas, si no cientos, de deidades a las que creían responsables de lo que sucedía en el mundo que les rodeaba.

*Ejemplo de un arpa antigua interpretada por dos hombres*

## Gobierno

Durante la mayor parte de su existencia, la civilización hitita poseía una monarquía con un rey autoritario e influyente a la cabeza. Había unos pocos puestos administrativos, pero muchos de los altos funcionarios eran también miembros masculinos de la familia real que ocupaban cargos codiciados como el jefe de la guardia del rey, el sumiller real y el jefe de los escribanos. Otro puesto importante era el de escriba personal del monarca, que estaba exento de la autoridad del jefe y tomaba el dictado directamente del gobernante actual.

Como muchas civilizaciones antiguas, los hititas operaban bajo un sistema feudal donde había poderosos señores terratenientes. Estos señores suministraban a la monarquía gran parte de su poder prometiendo servicio militar, soldados y armas a cambio de tierras y ocasionalmente dinero. Sin la confianza, la comprensión y la lealtad entre la nobleza y el rey, el reino se habría desmoronado por la falta de cohesión.

La mayoría de los hititas eran simples granjeros, trabajadores y soldados que casi no tenían acceso al gobierno más allá de los funcionarios administrativos que gestionaban los matrimonios, los divorcios y la recaudación de impuestos. No había votación, y la realeza más poderosa rápidamente sofocó las protestas o rebeliones.

## Establecimiento de un Reino Hitita

Los hititas tardaron varios siglos en formar un reino cohesivo una vez que entraron en Anatolia. Al principio, había varios grupos diferentes centrados en varias ciudades importantes. Funcionaban independientemente unos de otros a pesar de compartir una cultura y un lenguaje similar en el siglo XIX a. C. Hattusa, la antigua capital de los hititas, fue arrasada y quemada hasta los cimientos alrededor del 1700 a. C. En algún momento después, un poderoso rey hitita decidió que la ciudad se convertiría en su base de operaciones. Con el tiempo, los gobernantes militaristas de Hattusa combinaron las fuerzas de las ciudades hititas y conquistaron grandes franjas de Anatolia, formando los comienzos de un imperio cohesivo.

Este primer gobernante de un Imperio hitita unido tomó el nombre de Hattusili, que más o menos significaba "el de Hattusa". Su línea familiar sería conocida como los Grandes Reyes Hititas, 27 de los cuales adoptaron el nombre de su famoso predecesor. A pesar del establecimiento de lo que podría haber sido un imperio estable, hubo dificultades. Existían dos ramas separadas de la monarquía al norte y al sur y frecuentemente se peleaban entre sí. La rama del norte tenía Hattusa, mientras que la del sur se basaba supuestamente en algún lugar de Kussara, aunque el sitio real aún no se ha encontrado. Los historiadores conocen esta información por los registros cuneiformes que han sobrevivido y que han sido traducidos del hitita original al acadiano en algún momento del siglo XIII o XIV a. C.

Las tablillas sobrevivientes cuentan historias muy diferentes sobre cómo se formó el antiguo reino hitita original. Según una, la ciudad de Hattusa fue maldecida por los conquistadores de la cercana Kussara, convirtiéndola en un lugar inapropiado para un reino. En otra, ya existía un reino hitita en Kussara que sufrió a finales del siglo XVIII a. C., pero los registros no son claros tanto sobre el destino de Kussara como sobre si alguna de las historias sobre el Reino Antiguo es correcta. Lo que los historiadores saben es que la parte norte del imperio vivió para convertirse en el Reino Antiguo.

# Capítulo 2 – La Formación del Reino Antiguo, 1700 – 1500 a. C.

## Hattusili I y Mursili I

Hattusili I es uno de los gobernantes hititas más conocidos, así como el primer rey oficial. Hattusili I conquistó las regiones al norte y al sur de Hattusa una vez que estableció la ciudad como su base de operaciones. Llegó hasta el sur de la actual Siria, donde atacó Alepo, la capital del reino de Yamkhad. Aunque no reclamó la ciudad, consiguió llevar sus tropas más lejos de lo que los hititas habían llegado antes, reclamando territorio y varias ciudades importantes de la región siria. Luego retomó la zona de nuevo cuando los hurritas intentaron ejercer el control en su ausencia.

Un documento del siglo XVI a. C. explica cómo se le consideraba un rey poderoso y temible, capaz de dominar la región. De acuerdo con *El Edicto de Telipinu:*

"...Hattusili era rey, y sus hijos, hermanos, familia política, miembros de la familia y tropas estaban todos unidos. Dondequiera que iba en campaña controlaba la tierra enemiga con la fuerza.

Destruía las tierras una tras otra, les quitaba el poder y las convertía en las fronteras del mar..."[17]

*El Edicto de Telipinu,* dictado por un rey posterior del mismo nombre, explicaba además las dificultades y la ineficacia de los gobernantes que aquejarían a la monarquía hitita después de Hattusili I y el siguiente monarca.

Hattusili I eligió a su nieto, Mursili I, para ser su sucesor. Reinó desde aproximadamente 1556 a 1526 a. C. y continuó la guerra de su abuelo en Siria. Capturó completamente a Yankhad y tomó Alepo, terminando el trabajo de Hattusili I en esa área y asimilando ambos reinos. También luchó contra los hurritas al este, alejándolos de las fronteras hititas. Luego condujo a sus tropas 3.000 kilómetros al interior de Mesopotamia y saqueó Babilonia, en el río Éufrates, en el moderno Irak, alrededor de 1531 a. C. Los registros no indican sus razones para hacerlo, pero hay dos escuelas de pensamiento.

La primera cree que Mursili podría haber estado interesado en los almacenes de grano de la ciudad, ya que parecía que hubo varios años de malas cosechas que afectaron a los hititas. El segundo cree que Mursili I quería debilitar la dinastía de Hammurabi y dar paso a los casitas, que podrían haber formado una alianza con los hititas. De cualquier manera, los historiadores creen que las aventuras tan al sur en los reinos asirios podrían haber fortalecido el cuneiforme hitita, ya que ciertas elecciones estilísticas del cuneiforme asirio pueden verse en los símbolos hititas posteriores a este período.

Mursili I también se menciona en *El Edicto de Telipinu* con un lenguaje similar al de su abuelo. Según el documento:

*"Cuando Mursilli era rey en Hattusa, sus hijos, hermanos, familiares políticos, miembros de la familia y tropas estaban todos unidos. Controló la tierra enemiga con fuerza, les quitó el poder y los convirtió en las fronteras del mar. Fue a la ciudad de Alepo, destruyó Alepo y llevó a los deportados de Alepo y sus bienes a Hattusa.*

---

[17] Desconocido. *El Edicto de Telipinu.* Siglo XVI a. C.

*Después, fue a Babilonia y destruyó Babilonia. Se llevó a los deportados de Babilonia y sus bienes a Hattusa*[18].

Mientras estaba en Babilonia, Mursili I tomó otras ciudades como Mari y Babilonia. Sin embargo, sus campañas en este lejano sur causaron problemas al reino. La discordia se extendió por las filas de los soldados y una gran parte optó por volver a su tierra natal en lugar de seguir luchando en Mesopotamia. Esta sería la última vez que los hititas pudieron dejar su territorio conquistado para dedicarse a nuevas actividades militares, ya que el Reino Antiguo pronto se vería envuelto en batallas dinásticas entre facciones nobles internas.

Mursili no viviría para ver estas luchas. Dejó el territorio conquistado de Mesopotamia a sus aliados, los casitas, y se aventuró a volver a casa. Al regresar a su reino, fue asesinado. Sin la declaración de un sucesor, la élite o los nobles hititas se enfrentaron entre sí mientras luchaban por el derecho a ser el próximo gobernante del reino. Los hurritas percibieron esta debilidad y se desplazaron al sur ellos mismos, reclamando Alepo y la región circundante. Esta zona se conoció como Kizzuwatna, que tenía valiosos recursos como las minas de plata.

## Monarcas ineficaces y decadencia

Como en muchas monarquías, los hititas se enfrentaron a problemas causados por traidores hambrientos de poder, asesinatos y gobernantes débiles. Hantili, el cuñado de Mursili I, conspiró con Zidanta, el yerno de Hantili, para asesinar a Mursili I. Tuvieron éxito una vez que el rey regresó de Mesopotamia e intentó tomar el trono. Hantili fue rey entre 1526 y 1496 a. C., pero no logró nada digno de mención en los registros históricos. Después de treinta años de reinado, Hantili fue asesinado por su antiguo compadre Zidanta, que se aseguró de asesinar también a todos los posibles herederos de Hantili.

---

[18] Desconocido. *El Edicto de Telipinu.* Siglo XVI a. C.

Zidanta se las arregló para gobernar durante una década sin incidentes. Ammuna, su hijo, lo asesinó y tomó el control de Hattusa y la región circundante. Reinó durante treinta años y se las arregló para destruir el reino creado por sus predecesores. Diferentes secciones del reino se rebelaron contra el gobierno centralizado, incluyendo a los hurritas que se desarrollaron y luego vivieron en Kizzuwatna. Ammuna no hizo nada para sofocar el desorden y los disturbios y en realidad pareció morir de causas naturales poco después de perder la mayoría de sus territorios. Otro usurpador reclamó el trono después de asesinar a los dos hijos mayores de Ammuna. Solo gobernó durante cinco años antes de que Telipinu, uno de los hijos menores sobrevivientes de Ammuna, tomara el poder.

## Telipinu

Telipinu es el último monarca de importancia durante el Reino Antiguo y en realidad escribió el *Edicto de Telipinu*. Gobernó alrededor de 1460 a. C., durante una época en la que los hititas ya habían perdido mucho del territorio que habían ganado en Anatolia, principalmente ante los hurritas y los pueblos del sur. No se sabe mucho sobre los predecesores directos o antepasados de Telipinu. Su cuñado, Huzziya I, y los cinco hermanos de Huzziya I fueron asesinados cuando Telipinu tomó el trono. Telipinu no fue responsable de ninguna de las muertes, pero persiguió a los asesinos. En lugar de matar a los asesinos, como había sido la práctica de los hititas, los desterró como un deseo de detener el derramamiento de sangre en la monarquía.

Telipinu era un estratega militar capaz. Bajo su reinado, reclamó parte de las tierras perdidas por los hurritas durante el siglo anterior. Entre estos nuevos territorios se encontraba Mitanni al sureste, que solía pertenecer a los hititas. Esto se logró colaborando con los hurritas de Kizzuwatna.

Sin embargo, los hititas una vez más no fueron capaces de mantener su territorio. Después de la muerte de Telipinu, el Reino

Antiguo cayó en otro período de desorden y lucha interna por el poder.

## La fase oscura

Desafortunadamente, no se sabe mucho sobre el Reino Antiguo después de la muerte de sus dos primeros monarcas y Telipinu. Parte de ello se debe simplemente a la falta de registros, ya que los gobernantes de esa época eran considerados insignificantes y débiles, no merecedores de que se escribieran sus actos. Los historiadores también creen que esta falta de escritura se debe en parte a que, antes del 1400 a. C., los gobernantes hititas no eran considerados como la encarnación viva de los dioses, lo cual se veía en otras civilizaciones antiguas como la egipcia. En su lugar, se suponía que los reyes eran los primeros entre iguales que debían llevar al pueblo a la grandeza. Los monarcas que siguieron a Hattusili I y Mursili I no tuvieron éxito en este objetivo para la civilización hitita.

Otro problema era que la monarquía no tenía un linaje establecido. Había múltiples nobles que podían reclamar el trono, ya que ninguna familia se consideraba real. En esta época, el trono usualmente iba a quien tuviera el mayor ejército, no a los hijos del gobernante anterior. Esto causaba problemas porque, como se mencionó anteriormente, había facciones en duelo al norte y al sur que gastaban numerosos recursos después de que cada rey moría en un intento de gobernar. No habría una dinastía familiar fija para resolver el problema hasta después de 1400 a. C.

Cuando los hititas crearon una familia real establecida, el reino experimentó un período de relativa estabilidad a medida que el poder se centralizaba. La sucesión se fijó adicionalmente, lo que significa que el viejo rey elegiría a su heredero antes de morir, creando muchas menos disputas entre los nobles. Una línea fija también significaba que había una clara jerarquía entre los posibles herederos. Por ejemplo, un hijo mayor vendría antes que uno menor, o el marido de una hija antes que un sobrino.

# El Corto Reino Medio

La transición del Reino Antiguo al Nuevo, antes de que se desarrollara una línea de sangre real, se llama el Reino Medio y duró poco más de un siglo. Los monarcas lucharon por mantener un imperio cohesivo debido a sus fracasos, guerras de sucesión y constantes ataques de sus vecinos. Los registros muestran que los hititas lucharon contra los Kaska, un grupo de personas que vivían cerca de las costas del mar Negro, también conocido como "Pueblos del Mar". Muchas de estas batallas se centraron en torno a la actual capital hitita.

La capital se movió varias veces para acomodar la lucha y los caprichos de los reyes. Primero fue a Sapinuwa y luego a Samuha. Sapinuwa estaba en el norte de Turquía central, mientras que la ubicación de Samuha es más ambigua. Algunos estudiosos creen que estaba a orillas del río Éufrates mientras que otros suscriben la idea de que estaba cerca del río Halys, mucho más cerca del Hattusa original.

Al igual que la ubicación de la capital, el comportamiento de la gente también estaba cambiando. A pesar de ser corto, el Reino Medio vio un aumento en un comportamiento que allanó el camino para los futuros hititas. Durante este tiempo, los líderes comenzaron a negociar y a establecer relaciones diplomáticas con los pueblos cercanos, formando alianzas y creando tratados. De los muchos pueblos antiguos diferentes, los hititas fueron algunos de los primeros en practicar una política internacional y una diplomacia pacífica, que continuaría en el Reino Nuevo.

# Capítulo 3 - El Reino Nuevo, 1400 - 1200 a. C.

El Reino Nuevo fue el apogeo del poder hitita en toda Anatolia. El Reino Nuevo también se llama el período del Imperio hitita y solo duró dos cortos siglos antes de que los hititas se dispersaran y descentralizaran una vez más. Uno de los acontecimientos más significativos de esta época fue el cambio en la forma en que la gente veía la función y el lugar del rey. Mientras que antes el monarca era visto como el primero entre iguales, la realeza comenzó a desarrollar un aura divina. Los nobles y los plebeyos ahora llamarían al rey "Mi Sol", y él y la reina fueron asociados con deidades. Siguiendo los desarrollos previos del Reino Medio cuando la sucesión al trono se hizo hereditaria, la gente comenzó a asociar la familia real con la divinidad. En esencia, nació una versión del derecho divino a gobernar.

Además, los reyes asumieron un nuevo papel en la religión. Antes, la monarquía no tenía un fuerte elemento religioso. Ahora, cada rey era considerado un alto sacerdote de los dioses, responsable de procurar su favor y cumplir con su palabra. Muchos de ellos hacían grandes giras por el reino, que incluían visitas a lugares sagrados, la participación en festivales, asegurarse de que los santuarios se mantuvieran en buenas condiciones y estar presentes en los sacrificios o rituales importantes.

## Tudhaliya I

El Reino Nuevo comenzó con la coronación del rey Tudhaliya I, posiblemente no el primero de su nombre, ya que los registros no son claros, en el 1430 a. C. No se sabe mucho sobre su reinado, excepto que conquistó un área conocida como Assuwa. Assuwa era una liga de 22 estados de Anatolia formados en algún momento antes de su derrota por los hititas alrededor del 1400 a. C. No se sabe mucho sobre Assuwa, excepto que su caída se convertiría en el momento más brillante de Tudhaliya I y del naciente Imperio hitita. Assuwa se ubicaría alrededor del noroeste de Anatolia, especialmente porque se cree que algunos de sus estados aparecen en la literatura griega antigua.

Después de su éxito contra Assuwa, Tudhaliya I atacó su estado sucesor, un área llamada Arzawa. Arzawa era principalmente luviano, un grupo separado de personas en Anatolia que hablaban y escribían su propio idioma sin depender de los caracteres de otra cultura. Después del ataque inicial de Tudhaliya I, Arzawa se unió a una liga anti-hitita y finalmente se enfrentó a su fin bajo el poderoso Reino Nuevo. Después, Tudhaliya I atacó y conquistó los estados hurritas de Alepo y Mitanni.

## Suppiluliuma I

El éxito no siguió a Tudhaliya I. A pesar de su habilidad para expandir el Imperio hitita, inmediatamente entró en otro período de debilidad. Fue tan malo que los enemigos del estado pudieron atacar por todos lados y finalmente arrasaron Hattusa. El imperio perdió una buena parte de su territorio bajo los gobernantes que siguieron inmediatamente a Tudhaliya I - incluyendo a su propio hijo - y no vio otro gobernante fuerte hasta el surgimiento de Suppiluliuma I.

Suppiluliuma I fue coronado alrededor de 1344 a. C., y gobernó hasta aproximadamente 1322 a. C. Sus padres fueron Tudhaliya II y

Daduhepa. Trabajó bajo el mando de su padre como general y logró su primer gran éxito militar contra los Azzi-Hayasa, una confederación de pequeños reinos cerca de los hititas, y los Kaskas. Cuando los dos pueblos derrotados intentaron unirse en torno a líderes carismáticos, Suppiluliuma trabajó con su padre para derrotarlos una vez más.

También podría considerarse uno de los principales derrotistas de Egipto, capaz de recuperar un valioso territorio en la región de Siria. Suppiluliuma I reconoció que el pobre gobierno y la diplomacia del faraón Akenatón dieron a los hititas oportunidades sin precedentes para reclamar tierras. Sus tácticas llevarían eventualmente a los hititas a ganar algunos de los estados vasallos de Egipto justo por debajo de ellos.

*Faraón Akenatón y su familia*

Suppiluliuma se aprovechó de las crecientes dificultades del faraón con el rey de Mitanni, Tushratta. El padre de Akenatón originalmente hizo un trato con Mitanni contra los hititas para tratar de ganar el control de su región en Anatolia. Como parte del acuerdo, se suponía que Egipto enviaría varias estatuas de oro sólido como parte del precio de la novia pagado a Tushratta, ya que su hija se casó con el padre de Akenatón y finalmente con el nuevo faraón. Tushratta lo acusó de enviar estatuas chapadas en oro en lugar de estatuas completas. Incluso envió una carta a Akenatón quejándose de la situación, diciendo:

*"Pero mi hermano [es decir, Akenatón] no ha enviado las estatuas sólidas [de oro] que tu padre iba a enviar. Ha enviado unas chapadas en madera. Ni tampoco me ha enviado los bienes que su padre me iba a enviar, pero los ha reducido en gran medida. Aun así, no hay nada que yo sepa en lo que le haya fallado a mi hermano. Cada día que escucho los saludos de mi hermano, ese día hago una ocasión festiva... Que mi hermano me envíe mucho oro. En el kim[ru fe]ast...[...con] muchos bienes [que mi] hermano me honre. En el país de mi hermano el oro es tan abundante como el polvo. Que mi hermano no me cause angustia. Que me envíe mucho oro para que mi hermano [con el oro y los bienes] me honre"*[19].

El hermano al que se refiere es Akenatón, que no cumple el acuerdo. Tushratta señala además que sus mensajeros originales vieron el oro, el lapislázuli y las estatuas fundidas que iban a ser enviadas. Tushratta cree que estos originales no fueron entregados y que Akenatón los reemplazó con alternativas baratas. Este documento, y las quejas de otros vasallos y estados aliados, se encuentran en las Cartas de Amarna, un grupo de importantes correspondencias entre Akenatón y otros. Los estados vasallos son estados subordinados que normalmente prestan servicio militar y rinden tributo a un reino, cultura u otro cuerpo político dominante. En las Cartas de Amarna queda claro que el faraón decepcionó a muchos de los aliados de Egipto al no suministrar recursos y dinero

---

[19] Moran, William. Las Cartas de Amarna. Johns Hopkins University Press. 1992. Pág. 87-89.

adecuados a las personas que se suponía que estaban aliadas con el poderoso reino. Una de estas cartas apareció en un capítulo anterior como ejemplo de cuneiforme y contiene información del líder de los Amurru, un pequeño reino en las cercanías de la Siria moderna.

*Una de las Cartas de Amarna*

Las Cartas de Amarna revelan otros defectos en la diplomacia de Akenatón de los que Suppiluliuma podría aprovecharse. En particular fue la falta de voluntad del faraón para ayudar a un grupo de aliados que se rebelaron contra los hititas y fueron capturados por los soldados. Escribieron al faraón y le rogaron que les ayudaran, pero Akenatón no respondió a la mayoría de sus cartas e ignoró las súplicas. Despachó tropas para resolver un problema en Canaán, pero por lo demás parecía contento de permitir que los vasallos sufrieran. Sobre todo, no quería intervenir en lo que él consideraba pequeñas disputas políticas, que causaban grandes problemas en la región de Amurru.

Rib-Hadda de Biblos se enfrentó a constantes problemas como gobernante de uno de los estados fronterizos del Imperio Egipcio. Fue expulsado del poder y no recibió ninguna ayuda de Akenatón. Finalmente acudió a un hombre llamado Aziru para que le ayudara, solo para ser enviado a un reino separado y sin duda ejecutado. Su enemigo, Aziru, fue retenido durante un año por el faraón bajo acusaciones de planear deliberadamente el fin de Rib-Hadda, pero Akenatón lo liberó. Al regresar a su reino, Aziru desertó a los hititas, sumándose al creciente poder del Reino Nuevo bajo Suppiluliuma I. Toda la provincia fronteriza de Amurru en Siria quedó bajo el control de los hititas, lo que les dio un fuerte arraigo en la región y permitió a los hititas recuperar parte de su antigua fuerza.

Suppiluliuma I fue además capaz de reconquistar Alepo, que se había perdido, y derrotar a varias otras ciudades-estado. Reconquistó Mitanni para que se redujera a una posición de vasallaje y entregó varios otros territorios a sus vasallos para crear un lugar estable en Asia Menor. Con el tiempo, poseía más control que la una vez poderosa Egipto, y Egipto intentó formar una alianza matrimonial, aunque nunca se consumó tras el asesinato del príncipe hitita. Nadie está seguro de quién mató al príncipe, ya que su grupo de viaje lo descubrió muerto una mañana por causas no naturales. Los hititas culparon a los egipcios, que negaron tener conocimiento del incidente y afirmaron que no se beneficiarían de la muerte del príncipe. De cualquier manera, las dos partes no pudieron superar su amargura por el incidente y no se envió a otro príncipe para completar el acuerdo.

Sin embargo, todo este prestigio no podía durar. El Imperio asirio Medio también estaba alcanzando sus cimas de poder bajo el gobierno de Ashur-uballit I. Asiria tomó las tierras de los hurritas y Mitanni, a pesar de los mejores intentos de Suppiluliuma I de usar su propia fuerza militar para preservar su posición. Los asirios comenzaron a tomar tierras de los hititas en Asia Menor, así como varias ciudades-estado previamente ganadas a Egipto. Suppiluliuma I y su esposa eventualmente perecieron por la propagación de una plaga llevada por los pueblos de los territorios tomados de Egipto.

## Mursili II

El siguiente gobernante influyente sería Mursili II, que tomó el relevo de su hermano, el hijo mayor de Suppiluliuma I. Su hermano también murió de la peste, y Mursili II se enfrentó a frecuentes rebeliones durante los primeros años de su reinado debido a su relativa juventud e inexperiencia. Aunque no era menor de edad, tomó el control en su adolescencia y fue considerado incapaz de liderar. Los Kaskas y los Arzawa en particular lucharon contra los hititas, pero ambas regiones fueron espectacularmente derrotadas.

Mursili II escribió sobre algunas de sus dificultades y triunfos en documentos conocidos como los Anales, que lograron sobrevivir a las arenas del tiempo. En particular, mencionó el continuo desprecio de sus enemigos y cómo su estatus hizo que muchos de ellos se rebelaran en un documento donde registró algunas de sus citas más comunes:

"Eres un niño; no sabes nada y no me infundes miedo. Tu tierra ahora está en ruinas, y tu infantería y tu carroza son pocos. Contra tu infantería, tengo mucha infantería; contra tu carroza tengo muchos carruajes. Tu padre tenía infantería y carrozas. Pero tú que eres un niño, ¿cómo puedes igualarlo?"[20].

---

[20] Bryce, Trevor. *The Kingdom of the Hittites.* Oxford University Press. 1998. Pg. xiii.

*El Imperio hitita durante el reinado de Mursili II*

Los expertos creen que Mursili II murió de causas naturales después de liderar a los hititas durante 25-27 años. El mapa de arriba demuestra hasta qué punto logró expandir y asegurar las fronteras del creciente Imperio hitita. También atacó varias áreas al oeste, incluyendo Millawanda, un área que se cree está bajo el control de los griegos micénicos

El Imperio hitita siguió ocupando una posición envidiable en Asia Menor y el Lejano Oriente. El Reino Nuevo tenía acceso a cantidades masivas de recursos, prósperas rutas comerciales y estados vasallos dispuestos a pagar tributo a cambio de protección militar y un mínimo de poder. Los hititas incluso habían logrado recuperarse después de luchar con los asirios y expulsar a Egipto de Anatolia. Pero esta posición no podía durar. Siguiendo un patrón duradero de los hititas, los gobernantes débiles reemplazarían a los fuertes, y no siempre habría suficiente poderío militar y destreza para ir de un lado a otro. Los hititas encontrarían su próximo gran oponente en un viejo enemigo: los egipcios. Eventualmente, las continuas luchas y la incapacidad de proteger todo su territorio marcarían el fin del gran Imperio hitita de una vez por todas.

# Capítulo 4 - La caída de los hititas

## Conflicto con Egipto

Un fuerte Imperio hitita dependía de las rutas comerciales. En particular eran las rutas que pasaban por el norte de Siria, una zona que conectaba las Puertas de Cilicia con Mesopotamia. Las Puertas de Sicilia eran y siguen siendo un paso a través de los Montes Tauro en el sur de Turquía. El paso conectaba la región costera mediterránea de Anatolia con la meseta situada más allá de los Montes Tauro. Las rutas comerciales a través de las Puertas de Cilicia eran esenciales para el transporte de cobre, alimentos y armas.

Desafortunadamente, los egipcios pusieron sus ojos en el norte de Siria, la región que contenía valiosos recursos y las Puertas de Cilicia. El faraón Ramsés II ascendió al trono en 1279 a. C. y decidió expandir su territorio para obtener más poder y recursos. Era un líder militarista efectivo con varios objetivos en mente. Primero, deseaba restaurar las propiedades que los egipcios habían perdido ante los hititas y nubios. Segundo, deseaba que las fronteras alrededor del territorio egipcio estuvieran aseguradas para que los centros urbanos no temieran incursiones o ataques.

*Estatua de Ramsés II como un niño en el Museo del Cairo*

Lanzó múltiples campañas en Siria. Durante la primera, Ramsés II conquistó Amurru, un estado vasallo hitita. Su pérdida significó que los hititas se vieron privados de valiosos recursos y parte de sus rutas comerciales en Anatolia.

Ramsés II lanzó una segunda campaña siria que dio lugar a la famosa batalla de Qadesh de 1274 a. C. De todos los conflictos antiguos de la historia, los investigadores contemporáneos son los que más saben sobre la batalla de Qadesh porque fue objeto de numerosas inscripciones realizadas por egipcios e hititas. Ramsés II preparó sus fuerzas para tomar la ciudad de Qadesh construyendo más de 1.000 armas, 250 carros de guerra y acumulando cientos de soldados en unas pocas semanas. Egipto marchó hacia Qadesh, pero fue derrotado por las fuerzas hititas, que luego fueron derrotadas por las unidades egipcias que llegaron después del conflicto inicial. Los hititas amurallaron la ciudad y Ramsés II, al darse cuenta de que no podía mantener los recursos necesarios para un asedio, se marchó.

Los hititas y los egipcios tienen diferentes registros sobre lo que pasó al final de la batalla. Según los egipcios, Ramsés II regresó triunfante después de haber derrotado con éxito una emboscada hitita a pesar de no haber conseguido la ciudad. También sirvió como una victoria personal para un joven faraón, que se había recuperado con éxito después de ser derrotado por los hititas. Los registros hititas tienen una historia diferente en la que Ramsés II huyó avergonzado después de ser derrotado. Actualmente, los historiadores tienden a estar de acuerdo en que toda la batalla de Qadesh fue un empate, ya que ninguna de las partes ganó terreno.

Los problemas con Egipto no terminaron aquí para los hititas. El rey Muwatalli II (1295-1272 a. C.) se adentró en territorio egipcio para recuperar el terreno perdido. Tomó la provincia de Upi, que tenía la ciudad de Damasco. Muwatalli II dejó a su hermano a cargo, un hombre que finalmente sería coronado Hattusili III. Esto significaba que Egipto poseía poca influencia en Asia Menor además de Canaán. Más disturbios contra los egipcios, causados por la distancia entre Egipto y sus vasallos, pusieron en riesgo incluso este escaso control. Ramsés II fue al norte para sofocar varias rebeliones. Aunque esto fue un pequeño éxito para los hititas, Egipto una vez más ganó la delantera.

El faraón reanudó sus campañas en Siria durante los años octavo y noveno del reinado de Ramsés II, lo que lo llevó una vez más contra los hititas. Esta vez, los hititas perdieron dos valiosas ciudades, Dapur y Tunip. Esto podría considerarse una pérdida particularmente devastadora, ya que los hititas se habían mantenido en los centros urbanos durante más de 120 años. Aunque los hititas la recuperaron pronto, Ramsés II volvió a lanzar un asalto a la ciudad. Ninguno de los dos bandos ganó, pero ambos perdieron valiosos recursos militares que habrían sido útiles ante la nueva amenaza que marcaría el declive del poder de ambos bandos: los asirios.

*El asedio de Dapur*

## El Azote Asirio

La sociedad hitita comenzó a degradarse después de la batalla de Qadesh debido al ascenso de los asirios. Los hititas perdieron la mayor parte de su poder y la economía se desmoronó por la pérdida de recursos naturales. Los asirios eran una cultura poderosa liderada por el rey Salmanasar I, que llevó a sus tropas a la guerra contra Hurria y Mitanni. Reclamó ambas áreas y continuó marchando a lo largo del río Éufrates mientras que los hititas y los egipcios fueron ocupados por la guerra, ganando nuevos territorios en Anatolia, Babilonia, Fenicia, Canaán (el actual Israel), Aram (la actual Siria) y el antiguo Irán. Los hititas intentaron defender Mitanni porque tenía varias rutas comerciales importantes, pero no pudieron hacer frente a este nuevo oponente asirio después de gastar fuerzas contra Egipto.

El surgimiento de Asiria fue un punto de inflexión importante para los hititas. Durante el Reino Nuevo, Egipto fue la principal preocupación. Ahora, los hititas tenían que enfrentarse a dos enemigos distintos. El rey Muwatalli finalmente murió y su hijo, Urhi-Teshub o Mursili III, lo reemplazó en un momento en que los asirios diezmaron las rutas comerciales. Luchó sin éxito durante siete años para mantener a raya a Salmanasar I, pero un rival al trono lo derrocó después de una larga guerra civil.

## Matrimonio y Alianza con Egipto

Este nuevo gobernante hitita fue Hattusili III. Enfrentado a la continua anexión asiria de los territorios hititas, Hattusili III decidió formar un tratado de paz con Ramsés II, que también se enfrentó a una mayor presión de las fuerzas de Salmanasar. Se conocería como el Tratado de Qadesh. Ramsés II se casó con la hija de Hattusili III y los dos gobernantes acordaron unos límites fijos en el sur de Canaán. Un segundo término del tratado fue el matrimonio de otra princesa hitita con Ramsés II. Muchas de las reglas y acuerdos adicionales se han perdido en el tiempo, ya que queda menos de la mitad del Tratado de Qadesh en forma física.

## El Regreso de los Asirios

Los hititas lograron mantener a raya a los asirios durante varios años con la ayuda de Egipto, pero su Reino Nuevo llegaría rápidamente a su fin bajo Tudhaliya IV. Reinó desde c.1237-1209 a. C. y fue un rey exitoso en varios campos a pesar de su falta de destreza militar. Por ejemplo, después de que una grave sequía devastara a los hititas, construyó 13 presas, una de las cuales todavía está en pie. Aunque tuvo éxito a la hora de proveer a su pueblo, Tudhaliya IV fracasó contra los asirios. Tudhaliya IV trató de evitar que los asirios llegaran al corazón de los hititas, pero finalmente perdió una cantidad significativa de territorio, incluyendo la recién ganada isla de Chipre.

El conflicto decisivo entre Tudhaliya IV y los asirios fue la batalla de Nihriya. Los arqueólogos encontraron parte de una carta describiendo la batalla, pero casi no queda información para discutir los detalles. Lo que está claro es que los asirios bajo Tukulti-Ninurta I obtuvieron una victoria decisiva. La pérdida de los hititas causó revueltas y rebeliones en todo el territorio restante de la monarquía. Tudhaliya IV finalmente los derribó a todos, pero no fue capaz de repeler a los asirios. En su lugar, las tensiones y los combates leves continuaron durante al menos cinco años más, hasta que se estableció un tratado de paz. Sin embargo, el tratado no duró.

El último monarca del Reino Nuevo fue Suppilulima II. Aunque obtuvo algunas victorias, los hititas perdieron demasiado territorio ante los asirios para mantener una economía y una sociedad en funcionamiento. Para empeorar las cosas, los babilonios bajo el infame Nabucodonosor II también intentaron tomar territorio hitita. Los asirios en realidad expulsaron a los babilonios de la tierra hitita para tomarla para ellos mismos. Por lo tanto, los hititas ocuparon una terrible posición militar y de escasos recursos cuando los pueblos del mar llegaron a la costa del Mediterráneo y comenzaron a reclamar su camino a Canaán.

## Los Pueblos del Mar

Hay más de nueve hipótesis sobre quiénes eran los Pueblos del Mar porque son diferentes de los Kaskas, los Pueblos del Mar que asediaron a los hititas durante los Reinos Antiguo y Medio. Los historiadores creen que eran una confederación de pueblos de la costa norte del Mediterráneo que buscaban expandirse en Asia Menor. Se especula sobre si eran fenicios, griegos, minoicos, italianos o incluso filisteos. Sin importar su origen, los Pueblos del Mar llegaron a Anatolia listos para la guerra. Empezando por la región del Egeo, lucharon hasta llegar a Canaán y establecieron Filistea. Además, reclamaron las ciudades de Chipre, Cilicia, y todas las valiosas rutas comerciales que se cruzaban en la región.

*Los Pueblos del Mar en el Medinet Habu*

# El golpe final

Los Pueblos del Mar tomaron las últimas áreas que los hititas tenían como recursos. Los hititas ahora enfrentaban ataques de todos lados de una variedad de enemigos, incluyendo nuevos invasores como los Pueblos del Mar, los Kaskas, los Bryges y los Frigios. En 1180 a. C., un ejército invasor arrasó Hattusa y la quemó hasta los cimientos. En este punto, el Reino hitita dejó de existir y casi no hay registros de su existencia más allá de este punto. Su caída fue parte del colapso de la Edad de Bronce en el Mediterráneo Oriental, Asia Menor, África del Norte y partes de la moderna Europa Oriental.

Durante el colapso de la Edad de Bronce, las culturas de pueblos centrados en el palacio como los hititas en toda Anatolia y el Mediterráneo se detuvieron. Numerosas metrópolis y grandes ciudades fueron destruidas. Los historiadores especulan que el cambio se produjo ya sea por drásticos cambios ambientales como sequías o volcanes, o por la transición a la herrería y nuevas tácticas de guerra. La segunda escuela de pensamiento relacionada con las nuevas tácticas en la guerra es más popular, ya que cualquier grupo invasor también habría sufrido sequías u otros desastres ambientales. Los asirios tenían uno de los ejércitos más fuertes y produjeron muchas armas de hierro, lo que añade más credibilidad a esta idea.

Esta época en la que los hititas se enfrentaron a su caída se considera una edad oscura histórica que fue culturalmente perturbadora y muy probablemente violenta. Robert Drews, profesor de Estudios Clásicos en la Universidad de Vanderbilt, describe mejor el colapso de la Edad de Bronce cuando afirma:

*"En un período de cuarenta a cincuenta años, a finales del siglo XIII y principios del XII, casi todas las ciudades importantes del Mediterráneo oriental fueron destruidas, muchas de ellas para no ser ocupadas nunca más"*[21].

El colapso de la Edad de Bronce tuvo varios efectos duraderos en el imperio construido por los hititas. La falta de rutas comerciales dificultó la creación de herramientas de bronce, y los recursos ya no podían ser transportados a través de Anatolia. La pérdida de gobiernos poderosos significó que la alfabetización y la diplomacia disminuyeron significativamente. Se pueden encontrar pocos registros de este período, y se especula que existen pocos. Los hititas sobrevivieron, pero no en la misma forma. Ahora vendría el surgimiento de los reinos siro-hititas, que ocuparían gran parte de la misma área en Anatolia, pero combinarían nuevas culturas juntas. Esto comenzó alrededor del 1180 a. C.

---

[21] Drews, Robert. *El fin de la Edad de Bronce: cambios en la guerra y la catástrofe ca. 1200 a. C.* 1993

# Capítulo 5 - Los reinos de la Siro-Hitita o Neo-Hitita

El término "neo-hitita" se refiere al concepto de que los estados que siguieron a la caída del Reino Nuevo eran los "nuevos hititas". Después del colapso de la Edad de Bronce y el comienzo de la Edad de Hierro, el gobierno centralizado para los hititas ya no existía. En su lugar, la cultura hitita se adaptó a un nuevo entorno y el pueblo formó lo que se conocería como los reinos siro-hititas o neo-hititas. Estos reinos eran ciudades menos reguladas, dispersas a través de la región, que tomaban prestado del modo de vida hitita, así como de las culturas de los vecinos cercanos. Con el tiempo, estos reinos se convertirían en vasallos de los asirios y asumirían nuevas prácticas culturales que hicieron obsoletos algunos de los antiguos componentes hititas.

## Las diferencias entre el Reino Antiguo Hitita y el Neo-Hitita

Con tantos grupos moviéndose en Anatolia durante el final de la Edad de Bronce, la composición de los reinos neo-hititas difirió enormemente de la de sus predecesores. El historiador Trevor Bryce resumió las características de un reino neo-hitita eficientemente señalando cuatro factores principales.[22]

1. La mayoría de ellos estaban en la misma región geográfica de "Hatti" en toda Anatolia y Siria como el reino hitita original.

2. Los documentos descubiertos en las ciudades fueron escritos en la escritura y lenguaje jeroglífico Luviano, que había venido a reemplazar la lengua cuneiforme tradicional y la lengua de los hititas durante los últimos años de control.

3. Los gobernantes de los estados tenían nombres tradicionales de monarcas hititas traducidos a Luviano.

4. La iconografía y los diseños arquitectónicos del antiguo reino hitita se pueden ver en los nuevos estados, lo que indica una conexión cultural entre ambos.

Los luvianos eran un grupo de personas con un idioma compartido que poblaron varias áreas dentro de Asia Menor. Con el tiempo, gradualmente se asimilaron o comenzaron a compartir su cultura con otros grupos en toda la región, incluidos los hititas. Los historiadores pueden decir que usualmente vivieron junto a otros pueblos y se unieron a estados preexistentes, pero nunca formaron su propia civilización unificada. Poseían una escritura jeroglífica única que sería adoptada por el grupo más grande con el que vivían y comerciaban, los hititas. El cambio de los jeroglíficos cuneiformes a los luvianos en el reino hitita fue un proceso lento, pero parecía estar ganando velocidad hacia el final de la Edad de Bronce a medida que los hititas se asimilaban a las culturas circundantes. Si bien esto podría parecer un desarrollo, en realidad significaba que los hititas ya no eran la fuerza cultural impulsora en la región, ya que comenzaron a adoptar aspectos de diferentes culturas, mientras que, durante el

---

[22] Bryce, Trevor. *El mundo de los reinos Neo-hititas: Una historia política y militar.* Nueva York: Oxford University Press, 2012.

Reino Nuevo, fueron los principales factores de influencia en Anatolia.

*Sello de Anatolia de Tarkummuwa*

Este sello es uno de los mejores ejemplos de cómo era la lengua hitita cuando se escribía en los jeroglíficos que se hicieron populares durante la época de las ciudades neo-hititas. Muestra al gobernante hitita Tarkummuwa con una descripción bilingüe de él en la lengua nativa hitita, así como traducida a jeroglíficos, antes de que la lengua hitita comenzara a desvanecerse. Es uno de los artefactos más influyentes para que los investigadores puedan averiguar cómo podría aparecer la lengua hitita en los nuevos jeroglíficos.

## Iconografía y Arquitectura

Los arqueólogos son capaces de decir qué ciudades pertenecieron a las neo-hititas basándose en su iconografía y arquitectura únicas. Por un lado, las ciudades no tenían una forma definida, a diferencia de las ciudades de otras culturas. Podían ser circulares, rectangulares o irregulares dependiendo de la ubicación y el entorno. Cada ciudad tenía una ciudadela fortificada para albergar los palacios, lo que obligaba a separar a los plebeyos y las élites.

Otras pistas arquitectónicas incluían diseños de palacios y templos con antigua influencia siria, que se remontan al segundo o tercer milenio antes de Cristo. Las murallas, puertas, palacios y relieves estaban decorados con bloques de piedra u ortostatos, que eran losas rectangulares colocadas en posición vertical, similares a los pilares que sostienen a Stonehenge. Estos elementos eran cruciales para las formas más antiguas de la iconografía y la arquitectura hititas y proporcionan importantes pistas para comprender cómo cambiaron la cultura y la vida hititas con la llegada de los arameos y su continuo contacto con ellos.

*Ilustración de la Piedra Hitita El Relieve del Rey Tarkasnawa*

# La Influencia Aramea y Luviana Continúa

Los arameos eran un grupo de tribus semíticas de habla aramea del noroeste que formaban una confederación que vivía en Siria - conocida como Aram, de ahí el nombre- desde aproximadamente los siglos XI a VIII a. C. En conjunto, se convertirían en el principal oponente de los hititas para el control de Siria tras la caída del reino hitita, porque su población se estaba extendiendo y su cultura prosperaba. Es de los arameos de donde proviene el término "siro-hitita", ya que con el tiempo los hititas abarcarían cada vez más aspectos de la cultura aramea en sus pequeñas ciudades de la región.

Los arameos poseían varios estados importantes, incluyendo Bit-Agusi, Sam'al y el reino de Damasco. Muchos de estos importantes centros urbanos estaban situados alrededor de las antiguas ciudades hititas. Una teoría popular de historiadores, arqueólogos y antropólogos es que los hititas, habiendo sido desplazados por el colapso de su reino, migraron a estas nuevas áreas urbanas. Junto con ellos vino una migración masiva de los luvianos a Anatolia, explicando por qué su lenguaje y alfabeto se volvieron dominantes mientras que los términos hititas aún se usaban.

Varios estudiosos intentaron distinguir entre la cultura de los anteriores reinos hititas y los influidos por los luvianos, pero no notaron ninguna diferencia aparte de las pistas arquitectónicas y literarias. La aculturación era todavía el nombre del juego durante los reinos siro-hititas y muchas de las mismas deidades eran todavía adoradas. Dado que todas las religiones regionales ya habían sido adoptadas en su totalidad o en parte por los hititas para formar la suya propia, no quedaba mucho que los luvianos pudieran aportar cuando se enfrentaban a la religión hitita. Aunque la escritura cambió, esto implica que gran parte de la cultura local y la estructura social de los hititas permaneció igual, especialmente en las regiones que habían sido rurales o nómadas en un principio.

# El Imperio Neo-Asirio

Con el tiempo, los reinos siro-hititas se asimilaron al Imperio neo-asirio, que reemplazó al Antiguo Imperio asirio. El Imperio neo-asirio duró desde el 911 al 612 a. C., y abarcó gran parte de Asia Menor y el Lejano Oriente. El mapa de abajo demuestra que los asirios lograron conquistar la mayoría de las regiones anteriormente ocupadas por los hititas durante sus días de gloria.

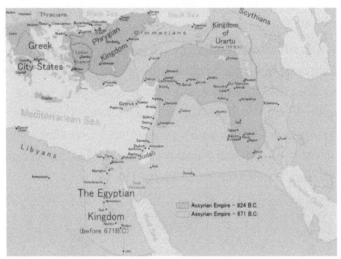

*Mapa del Imperio neo-asirio*

Los hititas estuvieron bajo control asirio durante los reinados de dos figuras, Adad-nirari II y Asurnasirpal II desde el 911 al 859 a. C. Adad-nirari II lanzó numerosas campañas militares diseñadas para labrar territorio de los imperios preexistentes, incluyendo la 25ª Dinastía de Egipto, también llamada Dinastía Nubia. Adad-nirari II también pudo reclamar numerosos estados más pequeños, incluyendo muchos de los reinos neo-hititas. Entre sus conquistas se encontraban Israel, Judá, la mayor parte de la tierra que rodea las principales ciudades neo-hititas, Persia, Canaán y Chipre. Además, exigió tributos a otros, convirtiéndolos en estados vasallos.

Sorprendentemente, Adad-nirari II fue uno de los primeros líderes de Anatolia y las regiones cercanas en comenzar a deportar a las personas de diferentes orígenes étnicos o culturales a las tierras fronterizas. Entre los objetivos de sus políticas estaban las poblaciones arameas y hurritas, pero no los hititas. Su política, y la de muchos de los futuros reyes asirios, consistía en hacer campaña anualmente durante una parte constante del año, lo que ayudaba al imperio a mantener el control y a la vez fomentaba la expansión, pero también significaba que los hititas se enfrentaban a un ataque constante de la nobleza asiria, que quería expulsarlos de sus hogares conquistados.

Adad-nirari II no se conformó solo con las ciudades neo-hititas y la actual dinastía egipcia. También fue a la guerra dos veces con el poderoso líder de Babilonia y se las arregló para anexar grandes extensiones de tierra alrededor del río Diala. Su sucesor directo consolidó entonces todas estas posesiones y continuó avanzando hacia Asia Menor. No duró mucho tiempo y fue reemplazado por un líder igualmente fuerte, Asurnasirpal II.

*El poderoso Asurnasirpal II*

Asurnasirpal II se embarcó además en un programa masivo de expansión que le quitó aún más tierra a los estados vecinos. Invadió el área cercana de Aram y conquistó a los arameos y neo-hititas que vivían allí, eliminando uno de los últimos puestos de avanzada neo-hititas en el proceso. Trasladó su capital a la ciudad de Kalhu y comenzó a presumir de las proezas militares de los asirios mientras construía extensos centros culturales en todo el imperio. Los neo-hititas vivirían en muchos de ellos, no como receptores de la cultura, sino a menudo como esclavos.

Asurnasirpal II era infame por su brutalidad y era un administrador estricto y astuto. Se dio cuenta de que era una tontería confiar en los líderes locales para que se convirtieran en gobernadores en los territorios conquistados, así que enviaría a sus propios funcionarios. También esclavizó a muchos de los pueblos que conquistó, tomándolos en cautiverio y forzándolos a trabajar en sus proyectos culturales. Varios relieves de piedra muestran esta brutalidad, que habría afectado a los neo-hititas, ya que vivían en muchas de las regiones tomadas. Como un hecho extraño, mientras que los hombres esclavos o guerreros enemigos eran frecuentemente representados como torturados, desnudos o mutilados, las mujeres esclavas eran usualmente vistas con vestidos de cuerpo entero sin la violencia que las acompañaba. Si alguna parte del cuerpo se mostraba en detalle, solo sería una. Por ejemplo, en una foto podría verse a una mujer completamente vestida con los pies al descubierto, mientras que en otra podría verse el pecho.

*Un relieve del exitoso Asurnasirpal II después de batalla*

Asurnasirpal II, además, continuó con las políticas que exigían la deportación masiva de los pueblos conquistados a las tierras fronterizas del imperio, que aún estaban bajo control asirio, pero tenían menos recursos. Esta política continuaría bajo su sucesor, Salmanasar III. Salmanasar III fue el responsable de eliminar a los hititas de Karkemish, una última resistencia en Siria no asociada a los reinos hititas originales. Los que sobrevivieron pagaron tributo y fueron eventualmente incorporados al Imperio neo-asirio también.

La incorporación a la sociedad asiria no solo ocurrió en Karkemish, sino en el centro mismo de la antes orgullosa civilización hitita. Hattusa continuó siendo una ciudad importante bajo control asirio y muchos ciudadanos neo-hititas vivían en el imperio, pero aquí es donde la historia de los hititas como su propio pueblo llegó gradualmente a su fin. Ya no se aferraron a su propia cultura y sociedad, sino que fueron asimilados a la potencia que era el Imperio neo-asirio. En el momento de la caída del imperio a finales del siglo quinto a. C., los hititas como grupo ya no parecían existir.

# Capítulo 6 –Arte, Simbolismo y Papel en la Biblia

Considerando cómo los hititas incorporaron a los suyos detalles de las numerosas culturas locales que los rodeaban, no debería sorprender que el arte y el simbolismo de los hititas incluya una amplia gama de temas. La sociedad hitita incluía muchas de las formas de arte comunes a los pueblos de la Edad de Bronce, incluyendo estatuas de arcilla y cerámica, relieves de piedra y mitos grabados. Casi todas las historias que sobrevivieron de los hititas eran religiosas y se tratan en el capítulo nueve.

## Animales

Los hititas usaban animales como representaciones o símbolos de numerosos dioses. En particular fue la creación de los toros de arcilla, que representaban al Toro Sagrado, un icono común en toda Anatolia. Los ciervos, las aves de rapiña y los bueyes también se utilizaban y tenían significado, mientras que los animales menores, como los diferentes pájaros, se utilizaban para la decoración. Muchos de los animales incorporados en las obras de arte tenían en realidad un significado para las culturas que los hititas dominaban o con las que comerciaban, lo que muestra la tendencia hitita a asimilar aspectos de diferentes orígenes en los suyos propios.

Uno de los usos más comunes del arte animal era hacer ritones de arcilla, o vasijas para beber.

*Ritón hitita de arcilla horneada del siglo XIX a. C.*

## Relieves de Piedra

Los relieves de piedra son una de las formas de arte y decoración más antiguas utilizadas por los humanos. Los hititas comenzaron a incorporar relieves en su arquitectura alrededor del siglo XVII a. C. Las imágenes frecuentemente representaban a los dioses con sus símbolos clave, como el Dios de la Tormenta blandiendo un martillo o Telipinu el Dios del Maíz alrededor de las cosechas. Los relieves mostraban además algunos de los reyes más importantes, así como influyentes luchas de poder entre las familias rivales del norte y del sur.

Entre los siglos XIV y XII a. C., los relieves se hicieron aún más populares. El estilo de arte cambió de simples grabados a imágenes más detalladas con proporciones gruesas y bien definidas. De nuevo, el tema principal de las imágenes era la imaginería religiosa, incluyendo representaciones de sacerdotes y símbolos sagrados como el toro. La mayor parte de este arte se ha encontrado en un lugar conocido como el asentamiento de Alaca Höyük. Los investigadores piensan que podría haber sido la ciudad donde vivía uno de los cultos de Arinna, la Diosa del Sol.

*Una escena de la puerta de la esfinge de Alaca Höyük* [23]

Este relieve muestra las imágenes más gruesas y densas que son comunes en los relieves de piedra de los siglos posteriores. Los arqueólogos pueden fechar el arte basándose en la ropa, los peinados y otras pistas arquitectónicas del relieve. Estas tallas en piedra se podían encontrar en todos los reinos hititas

---

[23] Foto original de Nevit Dilmen.

y todavía aparecieron durante la época de los siro-hititas. En algunos casos, los especialistas especulan sobre si los relieves de piedra encontrados en las fronteras de los territorios fueron utilizados o no para marcar donde comenzó y terminó la influencia hitita. Esta teoría se ha visto apoyada por el hallazgo de aún más relieves en zonas consideradas como colonias fronterizas o en estados vasallos.

## Hititas en la Biblia

No debería sorprender que los hititas protagonizaran la Biblia hebrea en numerosos papeles. Existían alrededor de la misma época en que el judaísmo se extendió por todo el Medio Oriente, el Lejano Oriente y en secciones de Asia Menor que tenían poblaciones de pueblos que hablaban lenguas semíticas. Existe un gran debate sobre si los hititas mencionados en la Biblia, también llamados el pueblo de Hatti, eran realmente miembros del reino hitita o si el título tenía la intención de describir a algunos de los nómadas que habitaban en las colinas de Anatolia. Después de todo, algunos libros de la Biblia hablan de ejércitos de carros que luchan por un rey, pero otros hablan de tribus con nombres semíticos como Abraham. Hay casos para ambas escuelas de pensamiento, pero la mayoría de los eruditos están de acuerdo en que la Biblia hace referencia a muchos aspectos de la cultura hitita tanto durante su apogeo como reino estructurado como durante su deconstrucción como pequeñas ciudades y grupos migratorios.

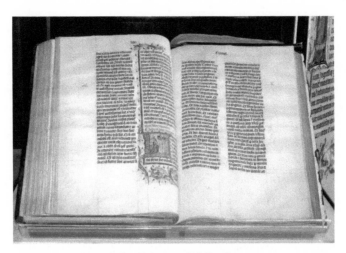

*Una de las Primeras Biblias Impresas*

Los hititas aparecen por primera vez en el Libro del Génesis. Son vistos como descendientes de uno de los primeros pueblos y también se les conoce como los "hijos de Heth". Abraham pudo obtener un terreno con una cueva para enterrar a su esposa hitita, y el nieto de Abraham supuestamente tenía dos esposas hititas. Aparecen más tarde también, como una de las siete naciones actualmente mayores que los hebreos que un día serán conquistadas, tomando su lugar entre los cananeos, heveos, amorreos, ferezeos, gergeseos y jebuseos. Se menciona además que muchos hebreos vivieron con y se casaron con hititas alrededor del 1000 a. C., posiblemente como una referencia a los crecientes reinos siro-hititas en toda Anatolia.

Alrededor de la época del reinado de Salomón en el 950 a. C., los hititas son uno de los pocos pueblos de los cuales los hebreos fueron incapaces de eliminar por completo. Los hititas rinden homenaje a Salomón junto con otros grupos como los egipcios. Salomón también tenía varias amantes hititas, y un hitita era el marido de Betsabé, la madre de Salomón. Cerca del 850 a. C., también se menciona que los sirios huyeron de sus hogares porque temían que los hititas en sus carros vinieran, habiendo sido contratados por Israel. La siguiente cita proviene de 2 Reyes 7:6:

*"Porque el Señor había hecho el ejército de los Siros para oír el ruido de carros, y el ruido de los caballos, el ruido de un gran ejército; y se dijeron el uno al otro: He aquí que el rey de Israel ha contratado a los reyes de los hititas, y los reyes de los Egipcios, para decender sobre nosotros"*[24].

Por último, hay referencias más adelante en la Biblia a la idea de que los matrimonios mixtos entre hititas y otros pueblos como los hebreos eran despreciados, lo que refleja un cambio de actitud hacia la estructura de las sociedades siro-hititas. Esdras 9:1 describe esta práctica como una abominación con la línea:

*"Cuando se hicieron estas cosas, los príncipes vinieron a mí diciendo: "El pueblo de Israel, los sacerdotes y los levitas no se han separado de los pueblos de las tierras, haciendo según sus abominaciones lo que hicieron los cananeos, los hititas, los ferezeos, los jebuseos, los amonitas, los moabitas, los egipcios y los amorreos""*[25].

Para muchas personas en el mundo occidental, la Biblia fue probablemente el primer o único lugar donde escucharon mencionar a los hititas. Debido a esto, la Biblia ha tenido un impacto duradero en mantener algunos aspectos de la cultura y la sociedad hititas disponibles para los estudiosos. A pesar de que existe un debate sobre la exactitud y si los hijos de Heth realmente se refieren a los hititas, el lector puede ver la transición gradual de un reino unificado a ciudades y tribus desorganizadas. También puede darse cuenta de cómo las actitudes culturales cambiaron con la transición de la Edad de Bronce a la Edad de Hierro, ya que los grupos étnicos comenzaron a separarse unos de otros y evitaron los matrimonios o las relaciones sexuales mixtas.

---

[24] La Biblia del Rey Jaime.
[25] La Biblia del Rey Jaime.

# Capítulo 7 - Vida legal y cotidiana de los Hititas

Los hititas tomaron prestados numerosos aspectos de su vida cotidiana a sus vecinos de Anatolia, incluyendo a los hurritas y a los pueblos del mar. La cultura hitita puede entenderse mejor como una miríada de elementos de los alrededores, todos mezclados para formar una creación única.

Debido a que los hititas existieron durante 1.000 años, muchos aspectos de la vida diaria cambiaron con el tiempo. Sin embargo, algunos aspectos permanecieron consistentes. En particular, la gente continuó vistiéndose relativamente igual, usando procedimientos médicos similares, y viviendo en alojamientos que seguían patrones culturales. Además, la dieta general se mantuvo igual debido a la dificultad de encontrar nuevas fuentes de alimentos. Es importante recordar que, si bien los hititas formaron un imperio, seguían confinados a Anatolia y no tenían muchas oportunidades de comerciar con personas de diferentes regiones geográficas.

## Vivienda

Hay muy pocas muestras de viviendas hititas rurales que sobrevivan, por lo que la mayor parte de la información sobre cómo los hititas estándar vivían proviene de las ruinas encontradas en Hattusa. La mayoría de las casas estaban hechas de elementos comunes y resistentes como ladrillos y arcilla. Estaban pintadas con cal blanca como decoración. La piedra solo se usaba para edificios oficiales o administrativos, ya que era difícil de juntar y dar forma a los bloques de construcción.

Muchas casas solo tenían una habitación cuadrada, especialmente si los propietarios eran de clase baja o agricultores. Las personas más ricas podían permitirse tener varias habitaciones, normalmente dispuestas en una larga fila. No era raro tener ventanas altas para dejar entrar la luz del sol. Cortinas o mantas hechas en casa se colgaban sobre las aberturas para mantener la habitación fresca o para bloquear demasiada luz. Los suelos eran de tierra y las familias dormían juntas en una habitación, a menos que fueran ricas.

Las bodegas no estaban unidas a la casa principal, pero estaban cerca de ella. La gente almacenaba el grano, el aceite y la cerveza casera en simples jarras de arcilla, ya que eran las tres principales fuentes de nutrición de los plebeyos.

Las casas de los centros urbanos como Hattusa estaban abarrotadas, casi apiladas unas sobre otras. Mucha gente vivía cerca de los mercados, mientras que los palacios, templos y edificios administrativos tenían sus propias secciones dentro de la ciudad. Las viviendas rurales estaban naturalmente más alejadas unas de otras porque normalmente se encontraban en el centro de las tierras de cultivo o de los pastos de propiedad.

## Vestimenta

Los hititas tenían acceso limitado a diferentes textiles o materiales. Las mujeres de los hogares confeccionaban la mayor parte de la ropa de sus familias con lino o lana que se podía recoger de las ovejas y convertir en telas en el hogar. El cuero se utilizaba ocasionalmente para hacer zapatos y cinturones, pero se reservaba principalmente para hacer armaduras para los soldados. Las mujeres llevaban bufandas en la cabeza llamadas *kuressars* y largas túnicas o vestidos que cubrían sus cuerpos. Los hombres llevaban túnicas y cubre piernas que se asemejaban a las faldas. Algunas fuentes indican que el zapato hitita tradicional se enroscaba en los dedos y se fabricaba con cuero para combatir el terreno rocoso. La gente de ambos sexos usaba joyas como símbolo de estatus.

## Medicina

A pesar de ser una de las civilizaciones más militaristas de la Edad de Bronce, los hititas tenían una política de fronteras abiertas en lo que se refiere a la medicina. Las cortes del rey aceptaban regularmente médicos extranjeros prestados por otros reinos poderosos como Babilonia y Egipto. La mayoría de los médicos eran varones, pero no era raro que las mujeres se unieran a la profesión o sirvieran como parteras, o practicaran un arte de curación llamado "Mujeres Viejas". Cuando nacía un bebé, estos practicantes especiales se reunían alrededor de la madre para ayudar en el parto y también recitaban cánticos especiales para asegurar la salud y la fortuna del niño. Un ejemplo de ello sería:

*"¡Y ven! Como el viento y la lluvia no pueden levantar el santuario de roca de su lugar, porque en esta (casa) nació, ¡de la misma manera no dejen que una cosa maligna levante su vida de su lugar! ¡Y que también sea protegido! ¡Y que esté vivo para la eternidad![126]*.

El papel de estas mujeres demuestra cómo la medicina hitita, y en realidad la totalidad de la práctica en toda Anatolia, enfatizó la importancia de la espiritualidad al tratar de curar y proteger. Los espíritus podían enfermar a la gente según los hititas, así que tenía sentido que algunos médicos se centraran en la práctica de apaciguar a estas entidades para hacer que alguien se recuperara.

## Comida

El clima de Anatolia proporcionaba una variedad de opciones agrícolas a los agricultores de la civilización hitita, ya que la zona incluía desde cordilleras hasta mesetas fértiles y desiertos. La mayoría de los agricultores cultivaban trigo para convertirlo en pan y cebada para hacer cerveza, ya que los pueblos antiguos evitaban beber agua debido al riesgo de enfermedades. Las legumbres como los garbanzos también eran una opción popular, y muchos miembros de la clase alta disfrutaban de frutas raras como los higos cuando estaban en temporada. Muchos de los hititas eran agricultores de subsistencia que enviaban cosechas adicionales a los pueblos cuando había cosechas razonables. Las grandes ciudades frecuentemente tenían graneros donde se almacenaban las cosechas extra hasta épocas de hambruna o de escasez prolongada.

*Trigo*

El ganado era otra valiosa fuente de alimento. Los hititas rara vez cazaban, por lo que dependían de los animales domésticos para la carne. Algunas opciones populares incluían vacas, cabras y ovejas. Los ciudadanos comunes no comían carne todos los días o incluso todas las semanas, ya que era un recurso poco común pero muy

---

[26] Bryce, Trevor. "La vida y la sociedad en el mundo hitita". Oxford University Press.

apreciado. La mayoría de la gente comía granos y vegetales diariamente, lo que creaba una dieta saludable, aunque no satisfactoria.

## Evolución de la ley

Los escribas grabaron los códigos de la ley hitita en tablillas de arcilla cocida para facilitar el acceso. Los arqueólogos descubrieron placas de varios períodos de tiempo diferentes a lo largo de la Edad de Bronce y pudieron identificar su edad basándose en la datación científica y el estilo cuneiforme de los documentos. Dos tablillas principales, cada una de las cuales contiene exactamente 200 artículos jurídicos, constituyen la base del conocimiento moderno del sistema jurídico hitita durante el período del Reino Antiguo. El conocimiento de las leyes del Reino Medio y Nuevo se encontró en los monumentos de toda Anatolia que llevaban la escritura hitita y describían los cambios en los castigos por crímenes específicos. Algunos estudiosos observan similitudes entre los castigos hititas y los que se encuentran en los libros bíblicos del Éxodo y el Deuteronomio. La mayoría de los crímenes se castigaban con la muerte, la tortura o con compensaciones y multas.

La ley hitita era muy específica y tenía poco espacio para la flexibilidad. Los crímenes y delitos se esbozaban en gran medida y frecuentemente tenían castigos exactos que seguían las convenciones sociales establecidas. Los ciudadanos masculinos libres probablemente recibían más compensación por los delitos cometidos en su contra que las mujeres libres, y los esclavos de ambos sexos tenían pocos o ningún derecho en el sistema jurídico. La destrucción de la propiedad era el delito que tenía más leyes escritas al respecto, y los hombres volvían a recibir más compensación que las mujeres. Los esclavos podían ser castigados o ejecutados por sus propietarios según estos lo considerasen oportuno, y no era raro que las relaciones esclavo/propietario dieran lugar a que el propietario se quedase con todos los hijos menos uno. Algunos historiadores especulan que los esclavos podían quedarse con un niño para que se supiera el parentesco de los niños, pero nadie está seguro. En los casos de separación o divorcio de hombres y mujeres libres, la mujer podía quedarse con todos los niños menos uno, ya que el papel de la mujer en la sociedad hitita era el de madre.

Las leyes hititas podrían separarse en 8 tipos diferentes.

1. Agresión y asalto

2. Relaciones matrimoniales

3. Obligaciones y servicio

4. Agresiones sobre propiedad y robo

5. Contratos relacionados con los precios internos

6. Asuntos religiosos

7. Contratos relacionados con aranceles comerciales

8. Relaciones sexuales

Es importante señalar que los hititas penalizaban la brutalidad, pero no hacían lo mismo con la homosexualidad, que era típicamente castigada por las civilizaciones de la Edad de Bronce que no la practicaban. Las leyes tampoco fueron escritas en segunda persona, sino en tercera. Por ejemplo:

"Si alguien hace abortar a una esclava, si es su décimo mes, pagará 5 siclos de plata".[27]

Las leyes del Reino Antiguo establecen castigos más severos que las del Reino Nuevo. Los crímenes en el Reino Antiguo tenían más probabilidades de resultar en tortura o muerte, especialmente relacionados con asalto, robo, asesinato, brutalidad y hechicería. El incesto se castigaba además con la muerte. La tortura pública y la ejecución final era el castigo prescrito para los delitos contra la religión, que se consideraban las transgresiones más graves de todas.

---

[27] Hoffner, Harry A. "Las leyes de los hititas. Una edición crítica". *Documenta et Monumenta Orientis Antiqui,* 23. Leiden: E. J. Brill. 1997.

Los historiadores creen que las leyes hititas originales se fundaron sobre la base de la religión y fueron importantes para preservar el poder del Estado sin depender exclusivamente de la fuerza militar. Los castigos eran severos para tratar de disuadir las malas acciones, que a menudo eran difíciles de castigar debido a la naturaleza extendida del imperio hitita. La lógica era que la gente no estuviese dispuesta a cometer delitos porque los castigos eran severos, incluso si había falta de seguridad o de guardias en la zona. Solo el rey podía perdonar los crímenes, pero nadie podía ser perdonado por un asesinato.

No hay suficientes pruebas para determinar por qué los castigos en el sistema legal hitita cambiaron gradualmente durante los siglos XVI y XV a. C. Mientras que el antiguo sistema se basaba en gran medida en la tortura y la muerte, el nuevo vio a la mayoría de los crímenes ser castigados financieramente con leves multas e indemnización a la parte perjudicada. Algunos especulan que el cambio fue impulsado por el desarrollo del *Pankus* en el siglo XIV a. C. Telipinu I creó el *Pankus*, que era un cuerpo legislativo capaz de juzgar crímenes constitucionales. Incluso el rey podía ser forzado a ser juzgado y castigado si sus acciones lo justificaban. El *Pankus* tuvo mucho éxito y persistió hasta la caída del Reino Nuevo.

# Capítulo 8 – Estructura Militar

Los hititas necesitaban un ejército fuerte para sobrevivir en Anatolia. Mientras que al principio los pueblos estaban dispersos, el poder se centralizó gradualmente y hubo cada vez más gente de diferentes culturas, como los hurritas, que se unieron o cayeron en escaramuzas.

## El Sistema Feudal

Una gran parte de la sociedad hitita dependía del sistema feudal, en el que la tierra era propiedad de familias específicas que a su vez servían a la monarquía suministrando soldados en tiempos de guerra. Los campesinos a menudo trabajaban estas tierras a cambio de una parte de las cosechas producidas y la protección de otros señores o invasores. Esta estructura duró todo el Reino Antiguo e incluso continuó después del establecimiento del *Pankus*, mencionado anteriormente.

A menudo había tensión entre los poseedores de los feudos y el rey de Hattusa, ya que algunos de los señores podían llegar a ser tan poderosos como la monarquía. Como su trabajo a tiempo completo era prestar el servicio militar, a menudo estaban muy bien entrenados en la lucha y la estrategia militar y tenían legiones de soldados que podían luchar contra la monarquía en cualquier momento. Debido a la posición de los feudos en comparación con la monarquía, a menudo había luchas de poder en tiempos de paz. En la guerra, las familias influyentes de Hattusa podían reunirse y utilizar un ejército cohesivo.

## Los Efectos del Sistema Feudal

Debido a que los hititas requerían tal diversidad en el campo de batalla, necesitaban un ejército disciplinado, bien entrenado y capaz de adaptarse a nuevos entornos. Sorprendentemente, a pesar de no tener una fuerza nacional, los hititas fueron capaces de desarrollar un ejército cohesivo utilizando el feudalismo. Los soldados de la monarquía formaban el núcleo de los soldados, mientras que los poseedores de feudo complementaban esta gran fuerza con sus propios hombres. En muchos casos, también se crearon nuevos vasallos. A los hombres se les daba suficiente tierra para mantenerse a cambio de una vida de servicio militar. Esto significaba que podían dedicar su tiempo al entrenamiento y la disciplina en lugar de trabajar en una profesión diferente y luego ser forzados al campo de batalla.

Los números reunidos en la batalla de Qadesh fueron verdaderamente únicos para los hititas, ya que nunca habían creado una fuerza militar tan grande. Los hititas normalmente confiaban en la sorpresa y en tácticas superiores para superar a sus enemigos. Estos métodos sigilosos se ven mejor en la infame batalla de Qadesh. La siguiente sección trata el conflicto con más detalle para demostrar por qué la estrategia militar hitita era efectiva en ráfagas cortas, pero sufría cuando estaba en terreno abierto.

## Introducción a la Batalla de Qadesh y el Sistema Decimal

Los historiadores tienen problemas para reunir información sobre la estructura militar hitita. Se especula que se asemejaba mucho a la organización de otras civilizaciones antiguas de la época, como la egipcia y la hurrita. El mayor cuerpo de conocimiento histórico sobreviviente sobre su ejército es la legendaria batalla de Qadesh entre los hititas y los egipcios. Está escrita en los registros y también sobrevivió como una famosa historia contada por los egipcios. Antes y durante la batalla de Qadesh, Ramsés II, quizás el faraón guerrero más grande de Egipto, trató de conquistar el territorio hitita y añadirlo a su propio imperio. Esto se debió a que los hititas representaban una amenaza constante para Siria. Según el pensamiento estratégico de los egipcios, cualquier amenaza a Siria eventualmente dañaría a Palestina, y entonces el Nilo se enfrentaría a problemas.

*Ramsés II en la Batalla de Qadesh*

Así que Ramsés II se esforzó en cortar la cabeza de la serpiente de influencia hitita. Los especialistas estiman que, en la batalla de Qadesh, entre 25.000 y 30.000 egipcios marcharon entre 17.000 y 20.000 hititas, que habían sido convocados por el rey Muwatalli. Los registros de este conflicto permiten a la gente entender un poco sobre el ejército de los hititas. En particular, los historiadores pueden ver que no solo se basaba en un sistema feudal, sino que el ejército de los hititas seguía la misma regla del 10, también conocida como el sistema decimal, visto en otros ejércitos antiguos.

En el sistema decimal, los carros, arqueros e infantería estaban organizados en escuadras de diez. Diez escuadras formaban una compañía, y diez compañías serían entonces un batallón. La infantería formaba escuadras de diez hombres de ancho y diez de largo, de modo que se desplegaban cien soldados a la vez. Estas tácticas se vieron con frecuencia en otras civilizaciones militaristas como los mongoles, que perfeccionaron este estilo.

## La Falange

Otro estilo militar visto durante la batalla de Qadesh y otros conflictos fue la falange. El público moderno podría reconocer esta organización a partir de las dramatizaciones de las batallas griegas de la antigüedad. En la falange, los soldados de infantería formaban un grupo apretado y compacto que marchaba hacia adelante en un rectángulo. Los soldados estaban equipados con largas lanzas, picas o armas similares que podían hacer daño a distancia. La idea detrás de la falange era crear un muro de soldados que fuera difícil de romper para el enemigo. A menudo se utilizaba para vigilar el territorio o para atravesar las duras líneas de soldados enemigos.

## Municiones y Armamentos

Debido a que la monarquía hitita se basaba en los señores feudales para suministrar a los soldados en lugar de utilizar un ejército nacional, el armamento cambiaba con frecuencia. Algunos batallones usaban espadas de hoz mientras que otros podían ser vistos con hachas y lanzas. Los soldados del Reino Antiguo podían verse con escudos distintivos de "figura 8" diseñados para pesar menos que los modelos rectangulares, sin dejar de proporcionar una cantidad razonable de protección para el cuerpo. Los pequeños escudos para el combate cuerpo a cuerpo crecerían en popularidad durante el Reino Nuevo.

Tampoco había un estándar de armadura, ya que el terreno y el entorno escarpado de Anatolia significaba que los soldados lucharían en diferentes condiciones en todo el territorio hitita. Los comandantes repartían diferentes niveles de cuero o armadura a escala, dependiendo de dónde se produjera la lucha. Un casco de metal acompañaba a la mayoría de los soldados en la batalla, al igual que unas robustas botas de cuero que podían soportar el terreno montañoso. Mientras estaban en las montañas, la infantería evitaba usar lanzas y presentaba formaciones más sueltas que sus homólogos en territorio abierto, que usaban lanzas y se agrupaban en falanges.

Cuando los militares podían luchar en campo abierto, los hititas usaban carros capaces de llevar tres soldados a la vez. Sus carros eran más pesados que los modelos egipcios y estaban diseñados para acercarse a los enemigos. La tripulación llevaba un arpón de 1,80 m de largo para usar como lanza y así poder atravesar a los soldados mientras avanzaban. Una vez en el rango de combate cercano, los soldados desmontaban y formaban tríos de infantería pesada capaces de atravesar a la oposición.

*Dibujo de un carro hitita en un relieve egipcio*

A diferencia de los carros egipcios, el eje de la rueda de un modelo hitita estaba cerca del centro del chasis principal de transporte donde estaban los soldados. Esto disminuyó la velocidad y la estabilidad del vehículo, pero aumentó su capacidad para transportar más soldados. Esta gran diferencia de diseño con respecto a los otros carros del Cercano y Lejano Oriente puede explicarse por el terreno de Anatolia. El terreno era tan accidentado y montañoso que había pocas oportunidades de usar las máquinas de guerra impulsadas por caballos. Cuando los carros eran usados por los hititas, era frecuentemente en distancias cortas.

Debido a estas condiciones, no había razón para invertir en la velocidad o la estabilidad, ya que el objetivo era transportar el mayor número de soldados del punto A al punto B y tomar al enemigo por sorpresa. La batalla de Qadesh fue estimada como la mayor batalla de carros en la historia de los hititas con más de 5.000 de ellos utilizados en conjunto por los egipcios y los hititas.

## Explicación de la Batalla de Qadesh

Qadesh era una ciudad situada en la cabecera del río Orontes o cerca de ella, en territorio hitita. Estaría alrededor de Siria en la época contemporánea. Ramsés II cruzó desde su propia tierra egipcia y marchó con su ejército sobre la ciudad en un intento de romper el poder de los hititas que él pensaba que era una amenaza a su propio poder en la región. Se acercó desde el sur y estableció un campamento llamado Amón, una decisión que resultaría desacertada, ya que había sido engañado por un par de espías. Estos espías informaron al faraón de que los hititas seguían en Alepo al norte. En su lugar, el rey Muwatalli de los hititas había reunido sus fuerzas y las de varios aliados que esperaban detrás de Qadesh.

*Un tallado egipcio de los dos espías torturados por los egipcios*

Es importante señalar que, incluso al principio de la batalla, los hititas confiaban en los elementos de sigilo para luchar contra sus enemigos. Acecharon y permitieron a los egipcios establecerse al sur de Qadesh sin atacar, solo para poder sorprender a Ramsés II. Incluso cuando dos soldados hititas - no los espías - fueron capturados y obligados a revelar la verdadera ubicación del ejército del rey Muwatalli, ya era demasiado tarde para Ramsés II. Mientras el faraón intentaba hacer llegar a varias de sus divisiones al campamento del sur de Qadesh, los hititas atacaron.

Los carros hititas rodearon Qadesh, cruzaron dos ríos y atacaron una división recién llegada, que venía a ayudar a las fuerzas del faraón varadas al sur de la ciudad. Sorprendidos, la nueva división se dispersó. Algunos miembros huyeron por donde vinieron, mientras que otros intentaron moverse hacia el norte al campamento egipcio. Los carros se dirigieron hacia la posición de Ramsés II y atravesaron el muro del escudo de Amón formado por los soldados. El pánico se extendió entre los egipcios, pero los hititas rápidamente perdieron la ventaja. Sus carros y números estaban diseñados para ataques rápidos que se suponía que aplastarían al enemigo. Una vez que su elemento de sorpresa desapareció, los soldados hititas lucharon por mantener su posición.

Además, no ayudó a los hititas que los cuadrigueros que rompieron el muro del escudo de Amón y derrotaron originalmente a los soldados celebraran una victoria temprana. Bajaron de sus carros y saquearon el campamento, pensando que el día estaba ganado. En su lugar, Ramsés II lideró su guardia personal en varios ataques rápidos de carros. Los hititas fueron conducidos de vuelta a sus carros y hacia el río Orontes que cruzaron en su ataque inicial contra la División Re. Debido a que los carros hititas no fueron diseñados para la velocidad, muchos fueron superados por las máquinas egipcias más ligeras.

En este punto, el rey Muwatalli reunió al resto de sus fuerzas y ordenó la carga de otros 1.000 carros. Los estrategas y líderes hititas normalmente no enviaban todas sus tropas a la vez, de nuevo para mantener un elemento de sorpresa y evitar que sus ejércitos fueran derrotados en una sola carga. Sin embargo, esta vez los egipcios pudieron sorprender a los hititas cuando llegaron dos divisiones más. El ejército hitita fue inmovilizado contra el río y forzado a huir a la ciudad en lugar de mantener un nuevo territorio. Varios relatos mencionan que muchos de los soldados se ahogaron al intentar volver a Qadesh.

Aunque la batalla de Qadesh no fue una victoria hitita, tampoco fue una pérdida. Aunque hay relatos contradictorios en los registros egipcios e hititas, la mayoría de los expertos creen que el conflicto terminó en un empate. Ambas partes perdieron cantidades importantes de tropas y no se ganó territorio para ninguna de ellas, ya que los egipcios y los hititas quedaron varados a ambos lados de Qadesh. Sin embargo, lo que puede observarse es que los hititas pudieron utilizar sus tácticas y estrategias para mantener su posición frente a una fuerza egipcia mucho mayor, lo que apoya la idea de que un ejército sigiloso pero disciplinado podría durar todavía contra una gran fuerza como la egipcia.

# Capítulo 9 –Los Rituales y la Mitología de los Antiguos Hititas

Una gran cantidad de información sobre los hititas se ha perdido en las arenas del tiempo. Quedan pocas reliquias, tablillas u otros artefactos que puedan explicar la vida diaria de los hititas religiosos, si tenían o no medios de devoción personal en sus casas, y la gran estructura de sus dioses. Los arqueólogos e historiadores lograron obtener alguna información sobreviviente de los antiguos trabajos de los escribas, que trabajaban para la burocracia y registraban importantes detalles sobre el funcionamiento de la civilización.

Los hititas eran politeístas, lo que significa que adoraban a más de una deidad. El mundo de los hititas estaba lleno de espíritus y entidades sobrenaturales que habitaban todos los aspectos de la vida, incluyendo la tierra, el cielo, el fuego e incluso materiales como la plata. No era raro que los objetos mismos poseyeran alguna forma de sentimiento o voluntad en los mitos y leyendas, como el fuego del sol que se enfurecía y se enroscaba como una serpiente. Para mantenerse al día con tantas deidades, existía una multitud de templos para adorar a dioses específicos. Los hititas mantenían a estas entidades apaciguadas con ciertos ritos, sacrificios y tributos. Por lo general, estos no se daban en un momento específico, sino más bien como una súplica de acción o pago por los servicios prestados. Por ejemplo, un pueblo podía sacrificar una vaca para agradecer a Telipinu, el dios del maíz, por una buena cosecha.

## La Jerarquía de los Dioses

Como muchas religiones, la religión hitita poseía una jerarquía en la que ciertos dioses eran más poderosos que otros o jugaban un papel más importante en el cosmos. Por encima de todas las demás deidades estaba el dios de la tormenta que era responsable de preservar la vida en la tierra y de proveer a los humanos con las necesidades de la vida. Gobernaba el cosmos de una manera similar a la de otras religiones antiguas, como en la mitología griega con Zeus o la mitología nórdica con Thor. La civilización hitita también practicaba el sincretismo, lo que significó que con el tiempo se incorporaron más deidades a la religión principal. A medida que su poder se extendía y adquirían más territorio, los hititas adoptaban los dioses y las costumbres religiosas de los pueblos que ya vivían allí y los incorporaban a su propio panteón. Más de una inscripción sobreviviente menciona que los hititas tenían "mil dioses" que controlaban aspectos cruciales pero mundanos de la vida como las tormentas, el clima y el cumplimiento de los juramentos.[28]

Muchos de los nombres de las deidades son desconocidos. Los historiadores y arqueólogos determinaron que varios de los principales dioses cambiaron sus nombres para que coincidieran con las deidades locales a medida que los hititas asimilaban gradualmente otras culturas de Anatolia como propias. En otros casos, los miembros significativos de las religiones locales se agregaron a la de los hititas y se cambiaron ligeramente para adaptarse a la cultura diferente. A pesar de la pérdida de muchos de los nombres

---

[28] Gurney, O.R. *Algunos aspectos de la religión hitita*. Schweich Lectures. 1976-1977. Pg. 4-23.

originales, varios dioses se destacan ya sea como incorporaciones de otra religión o como deidades importantes dentro de la religión hitita. Entre ellos están Kumarbi, Tarhunt, Arinna, Telipinu, Inara, Ishara, Hannahannah y Kamrusepa.

Tarhunt y Arinna eran la pareja principal de la que los reyes de los hititas derivaban su autoridad, aunque su lugar en el panteón religioso real no era específico. Arinna, en particular, estaba asociada con el estado y era en su ciudad principal donde los reyes recibían sus coronas. Se creía que Tarhunt y Arinna tenían el poder del reino hitita, y no era raro que el monarca se refiriera a ambos como padre y madre. El rey y la reina eran considerados el sacerdote principal y la sacerdotisa de Arinna, y ambos rezaban diariamente por la noche por Arinna. Esta pareja destaca cuando se la compara con otras deidades, y por lo tanto tienen su propia sección aquí, porque eran los más vistos en la vida cotidiana. También ocupaban posiciones especiales en las leyendas, ya que se les daba más importancia y atención que a otras deidades.

En las leyendas y las épicas, casi nunca había una sola deidad importante. En cambio, los dioses y diosas frecuentemente tenían que trabajar juntos para resolver un problema porque el asunto a menudo afectaba a diferentes aspectos de la vida. Mientras que había cierta semejanza de una jerarquía con la poderosa pareja de Tarhunt y Arinna en la cima, las otras deidades seguían ejerciendo su influencia y se tallaban nombres para sí mismas. También es importante el hecho de que muchos mitos involucran personajes humanos. Aunque desempeñan un pequeño papel, los humanos casi siempre ayudan a los dioses, lo que demuestra la importancia de la coexistencia entre lo mortal y lo divino.

## Kumarbi

Kumarbi era el dios principal de los hurritas. Una gran parte de la población hitita era en realidad hurrita, lo que los historiadores suponen que es la forma en que Kumarbi llegó a ser uno de los principales dioses de la cultura hitita. Kumarbi era el hijo del cielo y el personaje titular de la *Realeza en el Cielo,* una famosa leyenda hitita. Se conservan tres tablillas que cuentan la historia, pero la mayoría de las inscripciones son ilegibles y los arqueólogos no han podido descifrarlas.

Según la leyenda, Kumarbi derrocó a su padre, Anu, el sol. Anu había derrocado a Alalu, el progenitor de las deidades hurritas y potencialmente el padre de la tierra. Cuando Anu intentó escapar de su hijo, Kumarbi le arrancó los genitales a mordiscos. Esto provocó que Kumarbi se quedara embarazada de tres dioses distintos: Tarhunt, Tigris, y Tashkent. Kumarbi escupió en el suelo y la tierra quedó embarazada de Tigris y Tamsus en su lugar, mientras que Tarhunt tuvo que ser cortada de la carne de Kumarbi. Juntos, Tarhunt y Anu deponen a Kumarbi. Aquí es donde termina esta versión de la historia.

En otra versión, Alalu, Anu y Kumarbi son los co-gobernantes del cielo y no se pelean entre ellos. En su lugar, uno de los hijos de Kumarbi intenta derrocar a su padre, abuelo y bisabuelo. Quedan muy pocos detalles sobre esta versión de la leyenda, y los estudiosos no están seguros del final. Lo que sí saben es que esta versión del mito de la creación hitita se asemeja mucho a la de los hurritas. También ha sido comparada con el posterior mito de la creación griega, donde Cronos el Titán se come a sus hijos y finalmente escapan.

Kumarbi se mencionó adicionalmente en varias otras leyendas y mitos populares. Apareció, aunque no siempre jugó un papel importante, en la *Canción de Ullikummi,* la *Canción de Plata,* el *Mito del Dragón Hedammu,* y la *Realeza del Dios Kal.*

## Tarhunt

Tarhunt es la más conocida de las deidades hititas y también se cree que es un remanente de los hurritas. Una vez fue considerado una de las dos deidades más poderosas de la teología hitita, siendo la otra su esposa, la diosa del sol, Arianna. Tarhunt posee muchos nombres en las culturas de las civilizaciones antiguas, incluyendo Teshub, Teshup y Taru. Era el dios de las tormentas y los cielos y el hijo directo de Kumarbi. Algunos de sus títulos asociados fueron el conquistador o el rey del cielo, dependiendo de la historia. Los historiadores creen que fue asimilado a la cultura hitita durante el siglo XIII a. C., durante el gobierno de Muwatalli II. Los hititas creían que mantenía el equilibrio del cosmos para preservar la vida humana en la tierra.

Las representaciones de Tarhunt lo incluyen en la cima del Toro Sagrado de Anatolia o bien blandiendo un triple rayo y un martillo o maza. Típicamente lleva una corona de cuernos y fue concebido cuando su padre, Kumarbi, le arrancó los genitales a su abuelo. Las imágenes de Tarhunt demuestran algunos de los elementos culturales más significativos de los hititas, incluyendo su culto al Toro Sagrado. La gente familiarizada con las historias bíblicas de los hititas también estaría familiarizada con el cuento del becerro de oro hecho por los israelitas cuando Moisés estaba en la montaña.

El Toro sagrado representaba muchas cosas diferentes en las culturas antiguas. A veces el Toro simbolizaba la buena fortuna, mientras que en otras civilizaciones representaba la fuerza vital de la tierra, el poder o el día. Los hititas tomaron prestado el significado del Toro sagrado de los hurritas. Tarhunt cabalgaba sobre dos toros llamados "Seri" y "Hurri", o día y noche. Pastaron sobre ciudades en ruinas destruidas por Tarhunt, quien simbolizaba el poder de los cielos a través de su control de las tormentas.

Muchos mitos describen a Tarhunt como un guerrero. Su leyenda más conocida cuenta su derrota del dragón Illuyanka. En la primera versión, las dos batallas y Tarhunt pierden. Él habla con otra diosa para pedirle consejo, y ella le promete su amor a un mortal a cambio de la ayuda de este. La diosa le da comida y bebida a Illuyanka hasta que el gran dragón se duerme, momento en el que el mortal lo ata. Tarhunt aparece entonces y derrota al dragón junto con varias otras deidades.

En la segunda versión de esta historia, la pérdida de Tarhunt ante Illuyanka le cuesta los ojos y el corazón. Buscando venganza, el dios de las tormentas se casa con una diosa y tiene un hijo, Sarruma. Sarruma finalmente llega a la edad adulta y se compromete con la hija de Illuyanka. Tarhunt insiste en que su hijo pida que le devuelvan sus ojos y su corazón como regalo de bodas, a lo que Illuyanka accede. Al recuperar sus órganos, Tarhunt se prepara para matar a Illuyanka. Al darse cuenta de que fue usado, Sarruma insiste en que su padre lo mate también. Tarhunt destruye tanto a Illuyanka como a Sarruma con sus tormentas.

*Tarhunt con su firma de armas en un bajorrelieve en Ivriz*

## Arinna

Arinna es mejor conocida como la diosa del sol de Arinna porque Arinna era el principal asentamiento donde se adoraba su culto. Los hititas no tenían una deidad solar singular, sino que asignaban el papel de dios del sol a varios personajes como el dios del sol del cielo o la diosa del sol de la tierra. Arinna tenía una posición inusual, ya que había otras deidades que tenían títulos de dios del sol, pero se consideraba que Arinna estaba por encima de todas ellas. Arinna era la esposa de Tarhunt y considerada una de las dos deidades principales de la teología hitita. Su símbolo era un disco solar, que podía ser hecho de oro, plata o cobre por los hititas. Aparecía como cualquiera de estos tres materiales en descripciones escritas e imágenes talladas.

Aunque Tarhunt era la principal deidad masculina, Arinna era considerada la más influyente para los monarcas y la controladora de la realeza, incluyendo a los no gobernantes. A partir de ella, los monarcas alcanzaron su poder y le sirvieron como el sacerdote y la sacerdotisa principal, como se mencionó anteriormente. Otro de sus nombres era "Reina de todas las tierras".

A pesar de ser quizás la deidad más influyente de los hititas, queda poca información sobre sus mitos y leyendas. Los ciervos eran considerados uno de sus animales sagrados y aparecen en varios de los templos de su ciudad. A menudo se la representa como una mujer sentada con una aureola alrededor de su cabeza. El águila era su mensajera, y en algún momento, decoró el manzano con su varita mágica, posiblemente en referencia a que ella hizo que diera frutos.

Arinna tuvo muchos hijos con Tarhunt, incluyendo a los influyentes Nerik, Mezulla, Zippalanda y Telipinu. Nerik y Zippalanda eran dioses del tiempo mientras que Mezulla era una diosa menor conocida como intermediaria y ayudante de campañas militares. Telipinu era el dios del maíz.

## Telipinu

Telipinu, como muchas otras deidades hititas, cumplió varias funciones importantes. Mientras que se le conocía como el dios del maíz, otros especulan que también era la principal deidad de la agricultura y se le consideraba responsable de una cosecha exitosa. Los registros indican que cada 9 años, los hititas reunían y sacrificaban 50 bueyes y 1.000 ovejas para honrar a Telipinu. Su símbolo era el roble, que también se replantaría en la gran celebración.

Algunos reyes incluían a Telipinu en sus oraciones diarias, incluyendo a Muršili II. Varios reyes incluso tomaron su nombre como su apodo gobernante. A pesar de estas inclusiones, nunca alcanzó el nivel de poder que sus padres, Tarhunt y Arinna, poseían. Sin embargo, fue el más importante de sus hijos y jugó un papel importante en varios mitos.

La leyenda más famosa cuenta la historia de cuando Telipinu se durmió y su poder desapareció del mundo. Según los artefactos traducidos:

*La niebla se apoderó de las ventanas. El humo se apoderó de la casa. En la chimenea los troncos fueron sofocados. En los altares los dioses fueron sofocados. En el redil las ovejas fueron ahogadas. En el corral las vacas fueron sofocadas. Las ovejas rechazaron su cordero. La vaca rechazó a su ternero. Telipinu se fue y se llevó el grano, la fertilidad de los rebaños, el crecimiento, la abundancia y la saciedad al desierto, a la pradera y al páramo...[29]*

Solo se despertó cuando Hannahannah envió una abeja para que lo picara y untara a Telipinu con miel. Desafortunadamente, esto solo enfureció al dios. Telipinu causó más destrucción y devastación en el mundo que su propia desaparición. Solo cesó cuando un sacerdote rezó para que su ira se alejara de los contenedores de bronce sin abrir del inframundo o cuando otro dios lo calmó y entregó su ira al guardián del inframundo.

## Cultos y Sacerdotes: La Estructura de la Religión Hitita

Quedan pocas fuentes que ofrezcan un panorama detallado de las prácticas religiosas hititas, pero los estudiosos saben que los actores más importantes de la religión eran los cultos y los sacerdotes. Se destacaron por primera vez durante el Reino Antiguo y siguieron siendo considerados intermediarios entre el mundo de los humanos y el de los dioses hasta la caída de los hititas. A diferencia de muchas

---

[29] Beckman, Gary. "La Lengua es un Puente": Comunicación entre Humanos y Dioses en la Anatolia hitita" en *Archív Orientální*. Vol. 67. 1999.

otras religiones en la antigüedad, los hititas no siempre tenían ceremonias o festivales programados para épocas específicas del año, excluyendo algunas excepciones como la celebración de Telipinu. En su lugar, los sacerdotes realizaban ceremonias y rituales en tiempos de problemas o cuando el pueblo tenía preguntas. La mayoría de los festivales importantes tenían lugar a finales del otoño y principios de la primavera, cuando los agricultores responsables de la principal fuente de alimentos de los hititas esperaban apaciguar a los dioses a cambio de una buena cosecha y una buena temporada de siembra.

Cuando se hacían los rituales, eran generalmente nigrománticos e implicaban fosas gigantescas, hechas por el hombre. Las fosas se usaban para comunicarse con los dioses del inframundo para tratar de llevarlos al mundo de los vivos para hacer preguntas y resolver problemas. Fuera de los pozos, los cultos religiosos dominaban las principales ciudades y veneraban a una deidad en concreto a través de la oración y el culto diarios. En particular, la ciudad de Arinna, que adoraba a la diosa del sol.

Debido a que no existían normas nacionales sobre cómo se debía realizar el culto, las tradiciones y festivales locales variaban en todo el reino hitita. El rey y la reina asistían regularmente a los eventos en el territorio vecino a su hogar, ya que servían como el sacerdote y la sacerdotisa principal de los dioses. Las celebraciones a las que asistían tenían cierta regularidad, pero no la misma cantidad que se esperaría en una religión diferente, como la adoración de los dioses egipcios. Por ejemplo, no se celebraban en la misma época del mes.

Los hititas tenían una relación casi simbiótica con sus deidades. Era cierto que los hititas necesitaban mostrar reverencia y respeto a los dioses, pero estos mismos dioses tenían sus propias obligaciones. Cuando eran adorados adecuadamente, los dioses necesitaban cumplir con sus deberes estándar en el mundo. Para Tarhunt, esto sería traer tormentas. Arinna controlaría los cielos y haría salir el sol. Y Telipinu permitiría que los cultivos crecieran y prosperaran. A cambio de todos estos beneficios, los hititas necesitaban hornear panes especiales, sacrificar animales, celebrar festivales, y de otra manera pagar tributo a los dioses.

Hay registros de esta relación, incluyendo una cita del rey Mursili II, quien suplicó a los dioses cuando los hititas luchaban contra el hambre y la escasez de recursos. La idea detrás de la súplica era que los hititas cumplieran sus obligaciones con los dioses, pero los dioses no seguían su propia mitad del acuerdo. El tono general es que los hititas están siendo perjudicados por la inacción divina.

*Toda la tierra de Hatti se está muriendo, por lo que nadie prepara el pan de sacrificio y la libación para ustedes (los dioses). Los aradores que trabajaban los campos de los dioses han muerto, así que ya nadie trabaja o cosecha los campos de los dioses. Las molineras que solían preparar los panes de sacrificio de los dioses han muerto, así que ya no hacen los panes de sacrificio. En cuanto al corral y el redil de donde se solían sacrificar las ofrendas de ovejas y vacas, los pastores y vaqueros han muerto, y el corral y el redil están vacíos. Así que sucede que los panes de sacrificio, libaciones y sacrificios de animales fueron interrumpidos. ¡Y ustedes vienen a nosotros, oh dioses, y nos consideran culpables en este asunto!*[80]

Este alegato muestra varios elementos cruciales de la relación de los hititas con sus deidades. En particular, existe la idea de que los dioses no tienen derecho a tratar mal a los hititas cuando el culto se lleva a cabo correctamente. A pesar del tono servil, el rey Mursili II afirma claramente que los dioses no pueden enojarse por no recibir libaciones o sacrificios cuando es a través de sus acciones que los hititas sufren hasta el punto de no poder proveer. Una mano necesitaba lavar la otra o ambas sufrían.

Sin embargo, esto no significaba que los hititas fueran adoradores formales. Debido a que no había una estructura religiosa o tiempos establecidos para los festivales, mucha gente hablaba con los dioses informalmente. También era común hacer una petición directa a una deidad sin ningún tipo de sacrificio o libación. Una vez más, el equilibrio entre lo mortal y lo divino era el aspecto más importante de la relación de los hititas con los dioses.

[30] Beckman, Gary. "La religión de los hititas", el arqueólogo bíblico 52.2/3, (Junio - Septiembre 1989:98-108) señalando E. Laroche, Catalogue des textes hittites 1971, y K. Bittel, Hattusa, la capital de los hititas, 1970.

# Conclusión – ¿Por qué son los hititas importantes?

A diferencia de muchas otras civilizaciones antiguas, poca gente sabe acerca de los hititas, especialmente en comparación con sus primos más populares como los egipcios, asirios y babilonios. Sin embargo, siguen siendo una de las culturas y sociedades más influyentes que han salido de Anatolia. Fueron en diversos momentos una potencia, un influyente de la religión, y un auténtico conquistador capaz de llegar hasta Egipto. Su legado es poderoso y duradero.

Los hititas fueron una de las primeras y únicas civilizaciones de la Edad de Bronce en practicar la diplomacia y el arte del tratado de paz. Al capturar nuevos territorios, incorporaron a la gente tanto como les fue posible. Su cultura, estructura social y religión incluía elementos de todos los grupos que tocaban, incluso aquellos cuyo territorio tomaban. Los gobernantes se volvieron cada vez más justos y frecuentemente enfatizaron la importancia de desarrollar buenas relaciones fronterizas con los reinos y estados vecinos.

Los hititas también proporcionan un excelente ejemplo de leyes más humanas, especialmente cuando sustituyeron sus violentos y estrictos castigos por otros que normalmente implicaban multas. Sin la práctica hitita de la incorporación y sus registros, los historiadores y arqueólogos no podrían reconstruir los antecedentes de Anatolia como lo hacen hoy en día, y muchas personas modernas no sabrían cómo se desarrolló su país o su pueblo a lo largo de la Edad de Bronce, que fue un período decisivo para el lenguaje y la tecnología.

En muchos sentidos, los hititas han llegado a representar el poder de los historiadores, arqueólogos, lingüistas, antropólogos y otros estudiosos durante los siglos XX y XXI. Eran una civilización completamente desconocida, con solo unos pocos registros y referencias bíblicas a su nombre antes de que la gente empezara a descubrir ciudades, tablillas de arcilla e incluso bibliotecas enteras de registros. A partir de ahí, los eruditos fueron capaces de recuperar la historia de todo un imperio en un siglo, una proeza digna de mención.

En general, los hititas pueden recordar al público contemporáneo cómo los grandes imperios no permanecen aislados, sino que se basan en las culturas y sociedades que les rodean. Sin comercio, sincretismo y sin alianzas, ninguna civilización puede durar, incluso en tiempos modernos.

# Tercera Parte: El Antiguo Israel

*Una Guía Fascinante de los Antiguos Israelitas, Desde su Entrada en Canaán Hasta las Rebeliones Judías contra los Romanos*

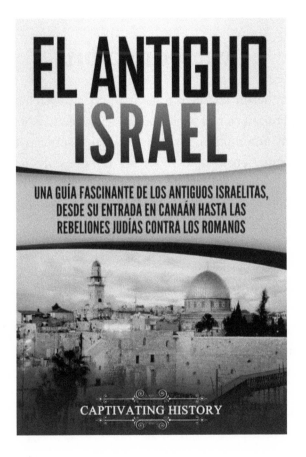

# Introducción

Los israelitas fueron un pueblo fascinante y no exactamente lo que muchos esperarían. Crearon la base del judaísmo contemporáneo, pero tuvieron una cultura y creencias bien distintivas influenciadas por el ambiente en el que vivieron. Después de todo, ninguna civilización antigua se desarrolló en el vacío y la mayoría de las ideas, prácticas e incluso lenguas enteras se intercambiaban entre ellas. Por lo tanto, es importante reconocer a los israelitas no solo como los antepasados del judaísmo, sino también como un grupo distinto con numerosas diferencias.

Los israelitas se originaron y vivieron en una región conocida como el Levante, que cubría el territorio de países modernos como Chipre, Israel, Irak, Jordania, Líbano, Palestina, Siria y Turquía. Los israelitas construyeron sus hogares a lo largo de la costa oriental del mar Muerto, en el territorio que hoy constituye el moderno Israel. Esta es un área árida cuyo clima afectó mucho los alimentos y animales que poseían los israelitas.

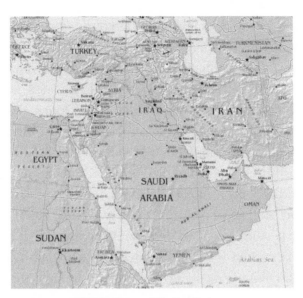

*El Moderno Medio Oriente*

Los israelitas vivieron durante los años que se nombrarán a. C. o antes de la era común. Este término se refiere a años comprendidos antes del comienzo del calendario gregoriano contemporáneo. Se usan diferentes nombres para referirse a la patria israelita, pero todas estas designaciones pertenecen al mismo grupo de pueblos que vivieron en distintos reinos a lo largo de los siglos. Estos reinos incluyen Israel, Judá y Judea, También se hará referencia al pueblo con diferentes términos para correlacionarlos con las convenciones de nomenclatura cambiantes a lo largo de los siglos, incluidos israelitas y judíos.

Los israelitas vivieron durante los años que se nombrarán a. C. o antes de la era común. Este término se refiere a años comprendidos antes del comienzo del calendario gregoriano contemporáneo. Se usan diferentes nombres para referirse a la patria israelita, pero todas estas designaciones pertenecen al mismo grupo de pueblos que vivieron en distintos reinos a lo largo de los siglos. Estos reinos incluyen Israel, Judá y Judea, También se hará referencia al pueblo con diferentes términos para correlacionarlos con las convenciones de nomenclatura cambiantes a lo largo de los siglos, incluidos israelitas y judíos.

Los israelitas no pudieron mantener sus reinos durante mucho tiempo. En cambio, continuaron siendo dominados por imperios mucho más poderosos en todas las direcciones, incluidos los babilonios, persas y griegos. Los israelitas se concentraban sobre todo en la costa occidental del mar Mediterráneo, en la ubicación del actual Israel. En el punto más álgido de su historia, poseían ambos Israel y Judá, y la ciudad principal era Jerusalén. También desarrollaron su propia religión, que comenzó con la adoración politeísta de la deidad patrona de la familia real y que eventualmente se convertiría en una religión monoteísta que alababa a un solo ser supremo. La cultura israelita evolucionaría a lo largo de estas líneas religiosas, hasta el punto en que los israelitas creían que eran el pueblo elegido de Dios.

A diferencia de muchos otros antiguos pueblos, la cultura y las creencias de los israelitas existen en la sociedad moderna. Se las arreglaron para sobrevivir a guerras, persecuciones, numerosas revisiones y adaptaciones provocadas por nuevos invasores o rebeliones internas. Por su relevancia en la sociedad contemporánea, es importante saber más sobre los israelitas para poder comprender cabalmente cómo se desarrollaron y lograron contribuir tan significativamente a la cultura actual del mundo occidental.

# Capítulo 1 - Cultura y Sociedad a Través de los Años

La sociedad israelita se desarrolló durante milenios, pero logró mantener algunas constancias a lo largo de los años. Por ejemplo, los israelitas eran patriarcales y gran parte de la población eran granjeros, pastores o trabajadores en general. Reyes, nobles y otros hombres ricos controlaban la política y el desarrollo de un gobierno administrativo, y frecuentemente estaban en guerra con sus vecinos por el territorio y los recursos. Se distinguían de otras culturas en el Levante principalmente por su religión, que implicaba la adoración de un solo dios del que se creía que protegía a los israelitas como pueblo. Esta práctica reflejaba a otros en el área, ya que, en la Edad de Hierro, la mayoría de los reinos en el Levante poseían un dios patrón a cargo de proteger a un pueblo elegido, siempre el pueblo que en su camino habitara temporalmente el reino.

## Gobierno y Administración

Después de vivir como miembros de otras sociedades durante siglos, los israelitas finalmente formaron los reinos de Israel y Judá. Ambos tenían una monarquía hereditaria gobernada por los hijos de la generación anterior. a cambio de franjas de tierra propiedad y controladas por la familia del aristócrata.

A diferencia de muchas monarquías de la época, la de los israelitas tenía como motivación principal la religiosa. Los israelitas creían que el rey gobernaba como el virrey de Yahveh, su deidad. Por lo tanto, necesitaban respetar la ley religiosa y comportarse de manera estricta. Dado que la religión se basaba además en que Yahveh hiciera convenios o contratos con los israelitas, el rey era la persona que hacía cumplir estos convenios y se aseguraba que el reino respetara las leyes de Yahveh.

Otras posiciones importantes en la corte real eran las de escriba y copero. El escriba era una figura administrativa crucial responsable de administrar los asuntos judiciales y contables para el rey. El copero llenaba la copa de vino del monarca y se la llevaba, evitando envenenamientos y otras posibles adulteraciones. Figuras menores servían como otros administradores o escribas más bajos en la jerarquía. Algunos cargos, como los de gobernadores, recaudaban impuestos y garantizaban que las leyes se aplicaran fuera de las capitales de los reinos.

En ese momento, otras figuras importantes eran los sacerdotes. A diferencia de otras culturas, los israelitas tenían una clase de sacerdotes hereditarios donde solo los miembros de determinadas familias podían asumir un rol religioso. Los sacerdotes, profetas y predicadores servían para mantener al gobierno soberano bajo control y con frecuencia se aseguraban de que se cumplieran los convenios. A lo largo de los siglos, muchos de ellos denunciaron a varios reyes israelitas por pecados como adorar a otros dioses, adorar ídolos o hacer sacrificarse en los templos equivocados. Las mujeres no podían ejercer el sacerdocio, ni tampoco podían ser administradoras o guerreras. Desde sus humildes orígenes hasta la época del dominio romano, solo dos mujeres alcanzarían el rol de monarca gobernante de un reino israelita.

Con el paso del tiempo, con frecuencia, el rey también sería el sumo sacerdote, o el principal funcionario religioso de la fe israelita. Varias dinastías hereditarias iban y venían, todas con la idea de que eran los gobernantes elegidos por Dios. Estas incluyeron las dinastías davídicas y asmoneas, las cuales se describirán más adelante.

## Construcción y Arquitectura

Los antepasados más antiguos de los israelitas eran nómadas o vivían en viviendas muy primitivas construidas con ladrillos de arcilla, postes de madera y techos de paja. Los pueblos nómadas preferían las carpas hechas de cuero o tela. Como el Levante es una región cálida y árida, la mayoría de las viviendas necesitaban proteger a los habitantes del viento y el sol en lugar de la nieve o la lluvia, por lo que los edificios a menudo estaban abiertos y a la sombra.

No se sabe mucho sobre la arquitectura de los israelitas durante la Edad del Bronce y la Edad del Hierro temprana porque los israelitas aún no eran un pueblo singular. En cambio, muchos pertenecían a pueblos cercanos, incluidos los hititas, cananeos y hurritas. La arquitectura de estos lugares continuó siendo simpe, pero la piedra se hizo más común, especialmente para los edificios administrativos y palacios. Los grandes edificios públicos, así como los templos, recibían la mayor atención y típicamente presentaban relieves tallados, pilares y murales de las diversas deidades adoradas por el pueblo.

Los ejemplos mejor conservados de la arquitectura israelita provienen de la Edad del Hierro tardía. Los investigadores descubrieron ciudades enteras en sitios arqueológicos en el antiguo Israel y Judá, incluidos Tell Beit Mirsim, Tell el-Nasbeh y Tell el-Farah. Algunas características definitorias incluyen muros de piedra alrededor de todo el perímetro de la ciudad, casas de arcilla o piedra con múltiples habitaciones y ventanas abiertas, y grandes edificios públicos construidos con bloques de piedra cincelada. La residencia estándar tenía paredes construidas con escombros, cubiertas de barro y luego pintadas con cal para darles un acabado limpio. La mayoría de la gente continuó manteniendo animales en sus hogares si los tenían, pero el área de descanso para los seres humanos ya se había separado.

Un estilo de edificio que surgió durante este periodo comprendía la construcción de dos capas de piedra separadas para formar un muro y el uso de madera más flexible en el medio para reforzar la estructura y evitar daños durante desastres naturales. No se utilizaron techos de piedra porque eran demasiado pesados. En cambio, los israelitas continuaron usando zorzales y cañas, aunque se agregarían troncos para edificios más grandes e importantes.

Las tallas y relieves de piedra continuaron siendo populares en las viviendas israelitas de la Edad del Bronce y durante toda la Edad de Hierro. Los relieves representaban deidades, figuras notables o escenas de mitos comunes. Poco a poco pasaron de ser simples a más detalladas a medida que los israelitas cambiaron de herramientas, de las de bronce a las de hierro, que eran más fuertes, y con estas podían hacer un trabajo más elaborado.

# Comida

La antigua dieta israelita era similar a la de otros pueblos que vivían en el Levante.[31] Los alimentos básicos principales eran el pan, vino y aceite de oliva, que sería la cuota estándar que una persona comería en cada comida. Dependiendo de la temporada, los israelitas también tenían acceso a frutas y verduras, como puerros, cebollas, ajo, melones, uvas, higos, aceitunas, dátiles, albaricoques y rábanos negros. Las semillas de diente de león no se cultivaban, pero podían ramonearse durante la temporada adecuada y ayudar a complementar una dieta rica en carbohidratos. Todas las partes del diente de león se pueden comer, incluso cuando el amarillo se vuelve esponjoso, convirtiéndolas en una fuente común para la nutrición durante los años de escasez.

La fruta jugaba un papel más importante en la dieta israelita que las verduras. Comían principalmente higos, aceitunas y uvas, que crecían constantemente. Los higos se comían a medida que

---

[31] Nathan MacDonald, *¿Qué Comían los Antiguos Israelitas?: La Dieta en Tiempos Bíblicos* (Grand Rapids: Wm. B. Eerdmans Publishing Co., 2008).

maduraban, al igual que las granadas, los albaricoques y los dátiles. Las uvas se podían comer, pero solían usarse para hacer vino para beber. Muchos pueblos antiguos transformaban las uvas en vino porque era más seguro para beber que el agua de las fuentes comunes. La mayoría del vino elaborado se diluía, especialmente en comparación con las variantes modernas. Las uvas que no se comían de inmediato o se hacían fermentar o se secaban para hacer pasas almacenables, o podían triturarse. Las uvas machacadas se escurrían del agua y se transformaban lentamente en algo llamado jarabe de uva o miel, que se usaba para endulzar los alimentos. Los dátiles también podían someterse a este proceso para producir miel de dátiles, que servía para el mismo propósito.

Las aceitunas formaban una parte importante de la vida no asociada con cocinar y comer, incluyendo servir como una ofrenda de sacrificio popular, la fabricación de ungüentos e incluso la iluminación. Los israelitas hicieron grandes avances en el desarrollo del aceite de oliva. Un sitio arqueológico en Ekrón, una antigua ciudad, alberga un centro de producción de aceitunas de varios milenios que contiene más de 100 prensas diseñadas para hacer aceite. De hecho, los israelitas producían tanto aceite que lo intercambiaban regularmente con civilizaciones cercanas en el Levante, e incluso tan al sur como Egipto.

Los israelitas no apreciaban las verduras. Es difícil encontrar registros o evidencia arqueológica que demuestre que se comían porque la mayoría de las verduras se hervían o se comían crudas. A veces, los registros indican que las verduras eran un manjar que solo los ricos consumían, ya que requerían tierras específicas para crecer, pero la mayoría de las veces estaban asociadas con clases más pobres, ya que necesitaban alimentarse.

Los israelitas cultivaban dos granos diferentes: cebada y trigo.[32] Mientras que mucha gente en los Estados Unidos y la Europa modernos suele comer pan de trigo, la cebada era el grano más

---

[32] Ibid.

importante para los pueblos antiguos y servía como el alimento principal. Para los israelitas, la cebada era tan importante que una oferta de harina de cebada fresca se ofrecía, y se continúa ofreciendo, el segundo día de la Pascua, y los campos se medían por la cantidad de cebada que se podía cultivar en lugar de trigo.

La fabricación de pan era una tarea agotadora que llevaba mucho tiempo realizada por las mujeres del hogar. Después de la recolección de los cereales, las mujeres se pasaban tres horas todos los días moliendo suficiente grano para producir suficientes hogazas de pan para sus familias. La mayor parte del grano se molía usando un mortero y una mano de mortero, lo que significaba moler los granos entre dos rocas hasta que se formara una harina fina. Una vez que la harina estaba preparada, las mujeres la mezclarían con un iniciador. El iniciador se hacía guardando una porción de la masa de pan del lote del último día y dejándola a la intemperie. Esta recogería levaduras del aire que ayudaban al proceso de elaboración del pan. Este iniciador le daba a cada hogaza de pan un sabor distintivo de masa fermentada.

Antes y durante la Edad de Hierro, los israelitas horneaban pan en un horno de tarro o un horno de pozo. En el horno de tarro, el combustible se encendía adentro y la masa se cocía a lo largo del costado del tarro, finalmente formando pan. En un horno de pozo, se bajaba un tarro al suelo y se encendía el combustible en su interior. La masa se iba al tarro con el combustible y se horneaba. Eventualmente los israelitas comenzaron a colocar un plato en la parte superior del tarro y lo horneaban allí, lo que evitaba que las cenizas se mezclaran con el pan.

Más tarde, los persas introdujeron el tandur, que cocía de manera similar al horno de pozo, pero sin dejar cenizas en la comida. Todo el pan producido usando estos métodos era delgado y maleable, y se comía sumergiéndolo en salsas, condimentos o algún tipo de líquido. Los romanos introdujeron un horno más tradicional que hacía hogazas de pan más gruesas. Los israelitas condimentaban el pan con hinojo o comino para darle sabor y también lo sumergían en aceite de oliva y sésamo. A veces se usaba miel para hacer que los panes fueran más dulces, ya que los panes de cebada eran notablemente sosos.

Finalmente, las legumbres eran el último grupo de alimentos que comían los israelitas y también uno de los más importantes. Los arqueólogos estiman que el 17% de la dieta los israelitas eran legumbres y esta categoría de alimentos era la principal fuente de proteínas. Algunas legumbres comunes incluían lentejas, guisantes de campo, arveja amarga, garbanzos y habas o frijoles. Las diferentes clases sociales consumían diferentes legumbres, y los más pobres se vieron obligados a comer arveja amarga, que tenía que hervirse varias veces para eliminarle el sabor picante. Otras legumbres como las lentejas se podían moler o tostar en un plato similar al falafel. Las lentejas y los frijoles frecuentemente se hacían en guisos, donde se cocían y sazonaban con ajo, cebolla y puerro.

# Roles de Género

Al igual que muchas otras antiguas civilizaciones en el Levante, los israelitas eran una profunda sociedad patriarcal que separaba los roles de hombres y mujeres. La propiedad generalmente era propiedad de hombres y solo los hombres podían convertirse en administradores y escribas influyentes. También podían entrar en acuerdos entre ellos y se esperaba que muchos se convirtieran en soldados o ingresaran al servicio militar. La mayoría de los hombres aprendían oficios de su padre a temprana edad, que podía ser desde un agricultor hasta un artesano o un herrero. Otros se convertían en médicos, abogados jueces o figuras religiosas influyentes como sacerdotes y eruditos. Solo los hombres ricos aprendían a leer y escribir, ya que la alfabetización no se consideraba una habilidad importante para el agricultor promedio.

Las mujeres controlaban la esfera doméstica y poseían una tremenda influencia sobre los recursos y las finanzas del hogar. La mayor parte del día de una mujer adulta se dedicaba a transformar materias primas como lana y granos en productos utilizables como textiles y harinas para pan. Como se señaló anteriormente, este era un trabajo agotador, que requería muchas horas. Además, las mujeres eran responsables del cuidado de los hijos, la cocina y la limpieza. Algunas mujeres se convirtieron en importantes profesionales de la medicina como parteras y herboristas, mientras que otras podrían convertirse en predicadoras no oficiales ya que la religión israelita prohibía los sacerdotes femeninos. Desde muy temprana edad, las madres enseñaban a sus hijos varones y niñas las tareas diarias, para que fueran más hábiles y la ayudaran y para prepararlos para sus vidas como eventuales esposas y padres. Las mujeres de clase alta podían celebrar contratos y poseer propiedades, también aprendían a leer y escribir.

## Vestimenta

La vestimenta desempeñaba un papel importante en determinar la clase social de una persona; más específicamente, la gente podía decir cuán rico era un individuo en función del tipo de ropa que usaba. La mayoría de la población tenía ropa de lana simple tejida por las mujeres de cada hogar. La lana provenía principalmente de ovejas, y la mayoría de las familias tenían al menos un animal al que se esquilaba una vez al año para recolectar suministros para la ropa de la familia. Los tintes eran un lujo costoso, por lo que la mayoría de la ropa que confeccionaba era de color liso de la lana, generalmente un marrón desleído o gris.

Los ricos podían permitirse telas como el lino, que los comerciantes importaban de Egipto o reunían en la próspera Galilea. Los aristócratas y los administradores ricos también tenían acceso a una variedad de tintes. El más caro era un color púrpura específico producido procesando el caracol murex, pero los violetas más baratos se lograban extrayendo el color de flores como el jacinto. Los colores incluso podían derivarse de insectos triturados nueces y plantas doradas. La ropa blanca estaba reservada a los nobles que podían permitirse mantenerlas limpias blanqueando las prendas al sol y luego frotándolas con una mezcla de vinagre, orina y soda cáustica. Las vestimentas costosas con frecuencia también tenían bordados, especialmente cuando las usaba la nobleza.

Casi todo el pueblo usaba una túnica básica, que se hacía cosiendo dos cuadrados de tela y dejando agujeros para la cabeza y los brazos. Las capas o mantos eran piezas de tela más grandes que cubrían la túnica y eran una protección adicional contra el clima. La mayoría tenía alfileres o nudos que mantenían el manto unido en el hombro, aunque los ricos una vez más poseían variaciones más elegantes. Las mujeres tendían a usar un velo que les cubría el cabello y parte del rostro para preservar la modestia. Los israelitas podían identificar a las prostitutas fácilmente porque estas mujeres no usaban velo. Los hombres también se cubrían la cabeza, generalmente con largos rectángulos de tela sostenidos en su lugar por anillos de madera o de cordón.

Una característica única de la ropa masculina era el agregado de borlas o flecos en las esquinas de las prendas. Estas borlas supuestamente les recordaron a los hombres que deben cumplir con sus mandamientos religiosos y seguir las leyes de su dios. Finalmente, toda la gente, excepto los muy pobres, usaban sandalias de algún tipo. Casi todos los zapatos eran de punta abierta. La base podía estar hecha de madera o cuero, y correas de cuero envueltas a través y alrededor de los dedos para mantener el zapato sujeto al pie. Los arqueólogos han encontrado algunas botas cerradas, pero parecían estar reservadas a los ricos.

# Capítulo 2 - La Edad del Bronce Tardía y la Edad de Hierro Temprana (1600 a. C. - 1000 a. C.)

La sociedad israelita se remonta a una época conocida como la Edad de Bronce. Este fue un período histórico caracterizado en que las civilizaciones fabricaban herramientas y armas de bronce. Además, tenían alguna forma de protoescritura, generalmente símbolos con significados específicos, y tenían el comienzo de civilizaciones urbanas construidas alrededor de las ciudades centrales.

Los israelitas surgieron durante la Edad del Bronce Tardía, que duró desde aproximadamente el 1600 a. C. hasta el 1200 a. C. e indicaba un momento en que el trabajo del metal con bronce era más sofisticado, pero ya cuando estaba terminando. De hecho, la región de donde se originan los israelitas fue una de las primeras áreas en todo el mundo en aprender a trabajar con bronce, como se ve en el mapa a continuación. El Levante es una de las secciones más oscuras, de color cobre en el mapa en el lado derecho del Mediterráneo. A diferencia de otras culturas que necesitaron aprender a trabajar el metal y a escribir por sí mismos, los israelitas tomaron prestado mucho de civilizaciones anteriores o desarrolladas a su alrededor.

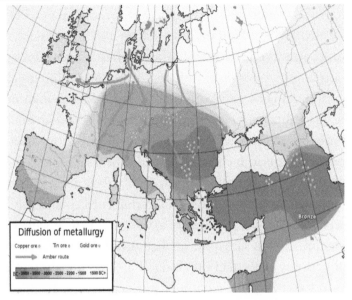

*Difusión de la metalúrgica durante la Edad de Bronce*

## ¿Dónde Estaban los Israelitas?

Los historiadores pueden rastrear a los israelitas hasta un tiempo tan lejano en la historia que ni siquiera eran conocidos por el mismo nombre y no eran un grupo étnico separado. En cambio, eran miembros de una civilización conocida como Canaán, o los cananeos. Canaán fue una civilización que existió principalmente durante la Edad de Bronce antes de sucumbir al Colapso de la Edad de Bronce que destruyó muchas de las civilizaciones en todo el Levante. Originalmente tribus y grupos de nómadas, los cananeos finalmente formaron una serie de ciudades-estado ubicadas alrededor de los modernos Israel y Siria.

Alguna gente puede que haya oído hablar de los cananeos del Antiguo Testamento, donde figuran como paganos, idólatras, acostumbrados a comer bebés y en general personajes desagradables. Tenían dioses separados de los israelitas, pero muchos historiadores creen que una buena parte de su mala reputación proviene del hecho de que continuaron siendo rivales de los israelitas por comida, territorio, rutas comerciales y la supervivencia general en el Levante.

Los arqueólogos e historiadores tenían poca evidencia sobre la ubicación exacta y la naturaleza de Canaán hasta finales del siglo XX, cuando los nuevos sitios de excavación revelaron los límites claros de la civilización. Al igual que los israelitas, los cananeos eran un grupo de gente de habla semítica. Eran politeístas y compartían con sus vecinos muchas de sus deidades, patrones lingüísticos, dieta y otras características. Canaán incluso se defendió de Egipto, que dominaba la Mesopotamia por su población superior y tecnología militar.

Sin embargo, la civilización no pudo durar. El colapso de la Edad de Bronce devastó por completo a Canaán. Este colapso ocurrió alrededor del 1200 a. C. y pudo haber sucedido por varias razones. Los historiadores especulan que toda el área se derrumbó debido a los invasores con mejores equipos y estrategias militares, un cambio climático devastador que generó terremotos y malas cosechas, la invasión de los Pueblos del Mar e incluso el colapso general de los sistemas.[33] Según la teoría del colapso de los sistemas generales, numerosos factores hicieron que fuera más eficiente económicamente para los campesinos comprar armas en lugar de alimentos caros, derrocando a la aristocracia guerrera y generando generaciones de asaltantes y bandidos. Los Pueblos del Mar eran invasores misteriosos que venían del otro lado del mar Mediterráneo y derrotaron a las fuerzas de estados existentes como Canaán.

---

[33] Ibid.

*Los Pueblos del Mar*

Frente a tantos problemas, la civilización cananea se desintegró lentamente en grupos étnicos o culturales separados como los fenicios, filisteos e israelitas. Los israelitas existieron durante un período de tiempo como vagabundos o ciudadanos de varios asentamientos en todo el antiguo territorio de Canaán. El término oficial "Israel" no aparece en el registro viviente hasta la creación de la estela de Merneptah, que fue inscrita por los sirvientes del faraón Merneptah de la XIX dinastía egipcia. Varias líneas importantes se relacionan con la presencia de los israelitas y el destino de los cananeos:

*"Los príncipes están postrados y dicen:" ¡Paz! "*
*Nadie está levantando la cabeza entre los Nueve Arcos.*
*Ahora que Tehenu (Libia) ha encontrado su ruina,*
*Hatti está pacificado;*
*El Canaán ha sido expoliado en todo tipo de aflicción:*
*Ashkelon ha sido vencido;*
*Gezer ha sido capturado;*
*Yano'am se hace inexistente.*
*Israel es arrasado y su simiente no;*
*Hurru se convirtió en viuda a causa de Egipto.* [34]

---

[34] Kenton L. Sparks, *Etnicidad e Identidad en el Antiguo Israel,* (Eisenbrauns: 1998).

Puesto que Israel no era un estado político en este momento, los historiadores creen que la referencia es a los Israelitas como un pueblo, que formaban un grupo étnico específico basado en los cananeos y otros pueblos del Levante. Existe poca evidencia arqueológica que sugiera una guerra o un conflicto militar. En cambio, es probable que Egipto hubiera tratado de eliminar a los israelitas como lo hicieron con los pueblos de los alrededores y eligió enumerarlos entre sus enemigos conquistados, ya que los israelitas poseían un número significativo de población. Fue alrededor de esta época cuando los israelitas se unieron al resto del Levante en la transición a la Edad de Hierro.

# Capítulo 3 - La Edad de Hierro Tardía (1000 a. C. - 587 a. C.)

La Edad del Hierro tardía, también llamada Edad del Hierro II, fue un período de avance significativo desde 1000 a. C. hasta 587 a. C. durante el cual prosperaron los reinos de Israel y Judá. Uno de los factores clave para este desarrollo fueron dos siglos de condiciones climáticas inusualmente favorables y cambios que generaron cosechas fructíferas, clima templado y provocaron un auge masivo de la población. Surgieron nuevos asentamientos en toda el área y las rutas comerciales comenzaron a enviar bienes exóticos a ambos reinos.

## Israel

En Israel, la ciudad de Samaria surgió como un poderoso actor en el Medio Oriente. La ciudad parecía ser tan próspera que llamó la atención de Egipto. Una inscripción del faraón Shoshenq I indica que Egipto lideró varias campañas militares contra Samaria durante los primeros siglos de la Edad del Hierro II. A mediados del siglo IX a. C., Israel se encontraba luchando contra varios de sus vecinos por el control de regiones ricas en recursos, incluidos el famoso Valle de Jezreel y Galilea. Sus dos enemigos principales que querían ese territorio eran Damasco y Tiro, las dos ciudades más importantes. Los tres deseaban el Valle de Jezreel porque constituía uno de los lugares más fáciles para que los comerciantes viajaran a través del Levante. Es así como se constituyó en el escenario de numerosas batallas, muchas de las cuales Israel perdió frente a sus vecinos más poderosos.

*Las Ruinas de Samaria*

Otras luchas militares llegaron de los asirios del Imperio neoasirio y del reino de Moab, que estaba justo al otro lado del mar Muerto en Israel. Israel fue uno de los once reinos que lucharon contra el poderoso rey asirio Shalmaneser III en la batalla de Qarqar.[35] Librada en el 853 a. C., la batalla de Qarqar contó con el mayor número de combatientes vistos en cualquier conflicto militar en la región y también fue la primera vez en que se registraron numerosos pueblos, incluidos los árabes. Los líderes de la coalición de once reinos fueron el rey Hadadezer de Aram Damasco (un reino

---

[35] Michael Grant, *La Historia del Antiguo Israel* (Scribner, 1984).

ubicado alrededor de la ciudad de Damasco) y el rey Acab de Israel, lo que demuestra la importancia del reino en la zona.

Israel envió 2.000 carros y 10.000 soldados a la batalla, un despliegue a gran escala solo superado por los 1.200 carros, 1.200 jinetes y 20.000 soldados proporcionados por Aram Damasco. Los historiadores no están seguros de quién ganó el conflicto, ya que no existen registros de los once reinos y los asirios nunca reconocieron directamente ninguna victoria o derrota en el área, lo que en realidad podría haber sido una pérdida, ya que al rey Shalmaneser III no le gustaba admitir fracasos militares. Salmanasar III derrotó con éxito al menos a 14.000 soldados y capturó numerosos carros y caballos, pero no regresó a la región para futuras campañas militares, lo cual era otra indicación de que la batalla de Qarqar fue un empate o la perdieron los asirios. El rey Acab de Israel continuó gobernando hasta su muerte en el 852 a. C. en las cercanías de Galaad, donde se encontraba luchando por el territorio.

Durante la Edad de Hierro II, además de los asirios, otro importante enemigo de los israelitas fue Moab. Moab existía antes que el reino de Israel y con frecuencia se enfrentaba a los israelitas sobre el territorio que rodea el mar Muerto y los ríos cercanos de agua dulce. Queda muy poca evidencia histórica del estado mismo, pero existen numerosos registros de batallas libradas en lugares como Galilea. Alrededor de 840 a. C., el rey Mesha de Moab ordenó la inscripción de la Estela Mesha, que celebraba una gran victoria sobre los conquistadores israelitas.

De acuerdo con el relato real, los moabitas enfurecieron a Quemos, su deidad, y él obligó al pueblo a someterse a la subyugación israelita como castigo. No quedan muchos registros de este conflicto, pero se lo correlaciona con los documentos que dejaron los israelitas, que perdieron el territorio alrededor de los años 840 a. C. La estela Mesha es además importante por tener la primera referencia no semítica al dios israelita Yahveh.

El conflicto de Israel con los asirios no había terminado. Alrededor del 738 a. C., el rey asirio Tiglath-Pileser III ocupó

Filistea cerca de la frontera de Israel y rápidamente lo invadió. Los israelíes fueron ampliamente superados en número y carecían de la tecnología militar que poseía el Imperio neoasirio. Israel se derrumbó, la ciudad de Samaria cayó, y el antiguo reino se convirtió en un estado vasallo debilitado obligado a rendir homenaje a sus conquistadores. Un estado vasallo era cualquier entidad, a menudo un reino político-subordinado a otro y, a menudo hecho para complementar militar y las arcas del Estado más poderoso. Miles de israelitas fueron deportados de sus hogares y enviados a las fronteras donde había menos recursos, rutas comerciales y menos tierras de labranza.

# Judá

Los orígenes de Judá no están claros. Los historiadores encontraron evidencia que indican que la región que se convertiría en el reino de Judá había estado habitada durante mucho tiempo por un grupo separado de israelitas, pero no había un único centro de poder. En cambio, estas tierras altas del sur se dividieron en líneas familiares o tribales separadas durante los siglos X y IX a. C. La consolidación no comenzó sino hasta el reinado del rey Ezequías, una notable figura bíblica sobre el cual existe muchísima evidencia arqueológica para apoyar lo que sucedió exactamente durante su gobierno[36]. De hecho, hay tantas fuentes de datos que algunos historiadores y arqueólogos consideran que sus disputas con el Imperio asirio, a quien Judá le debía lealtad, son los acontecimientos mejor documentados durante la Edad de Hierro.

Muchos historiadores buscan en el Antiguo Testamento de la Biblia una cronología aproximada de la vida de Ezequías, ya que numerosos hechos se correlacionan con la evidencia arqueológica descubierta en la región. Nació alrededor de 739 a. C. en Jerusalén, la ciudad más importante, y murió alrededor del 687 a. C. El rey

---

[36] J. Maxwell Miller, *Una Historia del Antiguo Israel y Judá, Segunda Edición* (Louisville: Westminster John Knox Press, 2006).

Ezequías entró en la política a la tierna edad de 10 años, cuando servía junto a su padre Acaz para aprender los trucos del comercio. Durante su reinado, la alfabetización prosperó y las nuevas obras literarias entraron en la esfera pública, aunque solo eran accesibles para los ricos o los de la administración. Jerusalén continuó sirviendo como el centro de población de Judá y su importancia tuvo un auge por un aumento de su población en un factor de cinco, pasando de un modesto número de 5.000 ciudadanos, a uno tan grande como 25.000, que para la Edad de Hierro era enorme.[37]

Los muros alrededor de Jerusalén tuvieron un cambio significativo de tamaño y fortificación para acomodar a la nueva población, y Judá se convirtió en uno de los reinos más poderosos a lo largo del frente asirio-egipcio. Sin embargo, casi todo el poder y el ejército de Judá se concentraba en Jerusalén, donde vivía la mayoría de la población. Esto se convirtió en un problema cuando Ezequías denunció la dominación y control asirio, y el rey asirio decidió marchar con un ejército y recuperar el territorio.

Los registros del conflicto entre Judá y los asirios cuentan en gran parte la misma historia. El rey asirio Senaquerib se enteró de la rebelión de Judá y notó que varios estados más pequeños de la región también trataban de escapar a control asirio. Senaquerib entró con un ejército y logró reclamar numerosos dominios, incluidos Sidón y Ascalón. Otros estados decidieron rendir homenaje en lugar de luchar, incluido el Moab mencionado anteriormente.

Posteriormente, Senaquerib llevó sus tropas a Judá y conquistó gran parte de ella, pero se vio obligado a detenerse fuera de Jerusalén. Los muros de nueva construcción defendieron a los judíos y los asirios sitiaron la enorme capital durante semanas. Según la Biblia, un ángel hirió a 185.000 tropas asirias y Senaquerib se retiró derrotado después de recibir el tributo de Ezequías. Senaquerib, en

---

[37] La Cronología del Ascenso de Judá al poder es confusa y durante años confundiría a los eruditos. Bajo el gobierno de Ezequías, Judá logró ganar poder y consolidarse antes de intentar liberarse del Imperio neoasirio. Cuando los intentos fallaron y después de que

cambio, escribió que los asirios asediaron la ciudad y no se fueron por las pérdidas, sino porque recibieron el tributo que querían y una promesa de que Judá ya no se rebelaría. La versión de Senaquerib de los acontecimientos se puede encontrar en el Prisma de Nínive de seis lados, una estatua de piedra que forma parte de los Anales o registros de Senaquerib.

El rey Ezequías eventualmente murió, pero no sin antes realizar otro trabajo importante que constituyó el escenario para el futuro de Judá. Ezequías decidió revisar y reformar por completo la religión de Judea.[38] Purificó el templo central en Jerusalén, reformó el sacerdocio, prohibió los ídolos, y combatió la práctica de la idolatría, que era el culto de ídolos o estatuas que se creían que representan dioses. Los ídolos formaban una parte importante de la mayoría de las antiguas religiones en el Levante, por lo que el desarrollo de un grupo que no las usaría fue significativo y establecería el escenario para las prácticas futuras de los israelitas, que no representaban el rostro o el cuerpo de su deidad como lo hacían otras. Entre los ídolos destruidos estaba la serpiente de bronce que creía que había hecho Moisés para curar a otros de mordeduras de serpientes.

Las reformas religiosas de Ezequías ocurrieron en un momento significativo durante la historia de los israelitas. Samaria de Israel había caído y aparecieron profetas en toda Judá predicando que lo mismo sucedería con el reino de Judea si no se reformaba religiosamente. Para Ezequías, la caída de Samaria fue una evidencia tangible de que había que hacer algo, especialmente con los asirios pisándoles los talones. Además de la purga de la idolatría, las reformas religiosas adicionales incluían:

- La destrucción de los altares paganos de los hogares y la práctica del politeísmo por gente que no vivía en Jerusalén.

- -La centralización de la práctica de la religión en la misma Jerusalén.

---

Ezequías pereciera, Judá pareció aceptar ser un estado vasallo porque el reino recibió protección extra. Sin embargo, no es fácil conseguir la evidencia cronológica.
[38] Ibid.

- -Otorgar poder a los sacerdotes de Yahveh para destruir los altares o instrumentos paganos que encontraran.
- -La obligación de las peregrinaciones a Jerusalén como muestra de fe.
- -La celebración de la Pascua.

Las reformas de Ezequías no duraron mucho después de su reinado, pero continuaron siendo importantes para los desarrolladores de la religión israelita. Poco después de la muerte del rey, Judá adoptó su papel de estado vasallo de los asirios para evitar ser destruido como el cercano Israel y desempeñó un papel importante en el desarrollo del comercio de aceitunas en todo el Levante. Judá prosperó a pesar de su sometimiento y disfrutó de una inmensa riqueza y poder a pesar de intentar liberarse mientras Senaquerib era rey. Todo esto cambió cuando el Imperio neoasirio fuera atacado por los babilonios.

# Capítulo 4 - Los Israelitas bajo Babilonia

El período anterior a la desintegración del Imperio neoasirio podría considerarse una edad de oro para los israelitas. Si bien el propio Israel se derrumbó, Judá continuó prosperando y podría haber seguido siendo próspera durante mucho tiempo si no hubiera sido por las luchas internas y la incapacidad de Asiria para retener su territorio. ¿Pero quiénes eran los babilonios y cuál fue su efecto total en la vida de los israelitas?

## Antes del Imperio Neobabilónico

Para comprender el destino de los israelitas, es importante saber quiénes eran los neobabilonios y qué situación existía en la Mesopotamia. El Imperio surgió alrededor del 626 a. C. y controlaron grandes extensiones de Levante hasta el 539 a. C. Durante los tres siglos anteriores a la creación del imperio, los babilonios fueron vasallos de los asirios mucho más poderosos, el mismo pueblo que conquistara Israel y controlara Judá. De hecho, los babilonios podrían haber permanecido bajo control asirio si no hubiera sido por la muerte de uno de los gobernantes asirios más poderosos que se recuerde: Asurbanipal.

*Tableta con la figura de Asurbanipal*

La muerte de Asurbanipal desencadenó un increíble número de luchas internas durante todo el Imperio neoasirio. Controlaba la mayor extensión de territorio jamás poseída por los asirios y, aunque era amado por su pueblo, era conocido por su crueldad excepcional hacia sus enemigos. Entre los tormentos sádicos que infligía a sus rivales era sujetar una cadena de perros en la mandíbula de un enemigo y obligar al hombre a vivir en una perrera hasta su muerte. A pesar de su violencia, fue sorprendentemente indulgente e incluso amable con su pueblo, nunca masacró a nadie ni cometió tales atrocidades contra ellos.

Asurbanipal también fue un hombre extremadamente inteligente y erudito que se esforzó por aumentar la cultura de su imperio. Cuando era niño y de joven, se sometió a una exhaustiva educación por los escribas y fue uno de los pocos reyes capaces de leer la escritura cuneiforme en acadio y sumerio, dos de los idiomas utilizados en la región. Creó la famosa Biblioteca de Asurbanipal, que contenía más de 30.000 tabletas y textos de toda la Mesopotamia, muchos reunidos durante sus conquistas. Los almacenaba en su biblioteca, que se convirtió en el prototipo de todas las futuras.

Tras su muerte en el 627 a. C., Asurbanipal lo sucedió su hijo, Assur-etil-ilani. Assur-etil-ilani, solo gobernaría durante cuatro años antes de que estallara una serie de guerras civiles. No quedan registros claros de lo que sucedió, excepto que varios miembros de la nobleza compitieron por el poder. Los enemigos de Asiria se aprovecharon de la situación y las hordas de persas, cimerios, escitas, medos y otros descendieron sobre el desmoronado imperio. Cayeron sobre el imperio como una ola, saqueando, saqueando y atacando ciudades y asentamientos tan al sur como Egipto. No pudieron capturar la capital de Nínive, pero quedó debilitada y el Imperio neoasirio ya no tenía control ni influencia sobre sus antiguos estados vasallos, incluida Judá.

# El Imperio Neobabilónico

También llamado Segundo Imperio babilónico, el Imperio neobabilónico se originó alrededor del año 626 a. C. cuando el Imperio neoasirio enfrentó el colapso.[39] Durante los tres siglos anteriores, los asirios controlaron Babilonia y la trataron como un estado vasallo. Una vez que comenzaron las brutales guerras civiles después de la muerte de Asurbanipal, Babilonia vio la oportunidad de liberarse y crear un poderoso imperio. Junto a los cimerios, escitas y otros, Babilonia saqueó a Nínive en el 612 a. C. y comenzó un imperio que logró controlar aún más territorio que el de los asirios. Este mapa demuestra el alcance de los neobabilonios en la cima de su poder.

---

[39] George Stephen Goodspeed, *Una Historia de los Babilonios y los Asirios* (Independent Publishing, 2014).

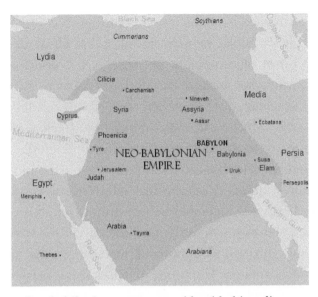

*Los babilonios y una nueva identidad israelita*

Cuando los babilonios tomaron el territorio asirio, naturalmente reclamaron el antiguo reino de Israel y la totalidad de Judá. Mientras que antes Judá fuera próspero y sumamente involucrado en el comercio, ahora estaba débil y desorientado. El reino entró en un período de pronunciada decadencia económica, y la población disminuyó debido a una combinación de guerras y menores rendimientos agrícolas. Una ciudad en la mitad norte de Judá se convirtió en la capital de una provincia de Babilonia, mientras que la misma Jerusalén y su famoso templo fueron destruidos tras múltiples rebeliones. Toda la infraestructura de la capital de Judea se derrumbó por completo, lo que obligó a muchos a alejarse de sus hogares. Este fue un golpe significativo para los israelitas porque su religión predicaba que Yahveh había elegido Jerusalén como su hogar permanente y que mantendrían la capital a perpetuidad.

En particular, los israelitas exiliados debían aceptar la idea de que la dinastía davídica original ya no reinaría y que los israelitas no eran tan infalibles como se creía. La mayoría de la gente que fue obligada a salir de Jerusalén eran las élites, incluidos príncipes, sacerdotes, profetas, escribas y otros administradores. Muchos se quedaron juntos y en realidad escribieron o contribuyeron a muchas de las secciones de la Biblia hebrea, incluidos los libros de Ezequiel y Jeremías. En el último cuarto del siglo XX y principios del siglo XXI, los estudiosos incluso descubrieron tabletas escritas por los exiliados israelitas que describen su vida cotidiana en nuevos asentamientos. Muchos de estos refugiados israelitas desarrollaron las doctrinas religiosas del individualismo y el universalismo, que dictaban que un solo dios creó a las personas y al mundo.

Finalmente, quizás el aspecto más influyente de esta diáspora fue el desarrollo de una identidad hebrea distinta para los israelitas que se usó para separarlos de otros pueblos en el área y alrededor del mundo. Sin embargo, es importante tener en cuenta que toda esta literatura no afirma que la mayoría de los israelitas permanecieron en Jerusalén bajo el gobierno de los babilonios, e incluso que experimentaron una mejor calidad de vida, ya que recibieron la mayor parte de las propiedades expropiadas a las élites.[40] Es cierto que existieron algunas rebeliones contra los gobernadores de Babilonia, pero la mayoría de los israelitas que permanecieron continuaron sus vidas en paz.

Fuera de Jerusalén, los israelitas sufrieron. Al igual que el Imperio neoasirio, los neobabilonios necesitaban realizar campañas militares regulares en todo su territorio solo para mantener el control. Los babilonios tenían demasiados enemigos para administrar todo su imperio, y, por lo tanto, muchos de los israelitas fuera de las ciudades amuralladas sufrieron incursiones y ataques de pueblos cercanos como los árabes y los amonitas. Peor aún, los fenicios llevaron a cabo numerosas incursiones de esclavos en las áreas para encontrar gente para vender en sus rutas comerciales a lo largo del mar Mediterráneo.

---

[40] Ranier Albertz, *Israel en el Exilio: la Historia y la Literatura del Siglo VI a. C.,* (Sociedad de Literatura Bíblica: 2003.)

# La Rebelión y la Creación de Yehud

Como ya se mencionó anteriormente, Jerusalén y su famoso templo solo fueron destruidos después de dos rebeliones fallidas. La primera ocurrió a principios del siglo VI, cuando el actual rey Sedequías se rebeló contra el gobernante neobabilónico, Nabucodonosor II. En ese momento entró en una alianza con el faraón egipcio, pero no pudo resistir el ataque del ejército babilónico. Cuando los asirios sofocaron la rebelión alrededor del año 597 a. C., numerosos israelitas influyentes se encontraron yendo a Babilonia en cautiverio.

Judá decidió rebelarse nuevamente unos años después a pesar de no haber incrementado mucho su fuerza militar. En 589 a. C., la ciudad de Jerusalén volvió a ser sitiada. Después de dieciocho meses, la ciudad volvió a caer bajo los babilonios y Nabucodonosor II. Fue en este momento en que la ciudad y el templo fueron arrasados y toda la clase administrativa de Jerusalén fue desterrada o exiliada al cautiverio en Babilonia. Junto con los refugiados que huyeron, los arqueólogos creen que el reino de Judá perdió a 8.000 personas, o aproximadamente una cuarta parte de la población total.

Con las élites eliminadas y la resistencia de los israelitas totalmente erradicada, Judá se convirtió en una provincia babilónica llamada Yehud. Nabucodonosor II originalmente designó a un israelita como gobernador, un hombre llamado Godolías. Los historiadores discuten cuál fue su verdadero papel y cuánta autonomía poseyó; algunos dicen que realmente fue una figura administrativa, mientras que otros piensan que fue un rey títere que recibía órdenes de los gobernantes de Babilonia. [41]

Originalmente, parecía que Yehud y los israelitas que quedaban podían vivir en paz. Muchos de los que huyeron de la ciudad durante las rebeliones regresaron cuando escucharon que un compañero israelita y nativo de Judá estaba a cargo. Sin embargo,

---

[41] Ibid.

alguien asesinó a Godolías y numerosos rebeldes mataron a la guarnición babilónica que defendía y controlaba la ciudad. Los israelitas en Yehud huyeron a Egipto para evitar represalias babilónicas y Judá volvió a caer en la oscuridad hasta la llegada de los persas, quienes arrebatarían el poder a sus rivales babilónicos.

# Capítulo 5 – El Control de los Persas

Al igual que pasó con todos los imperios antiguos, los neobabilonios fueron incapaces de conservar todo el territorio que capturaban de los demás. Aunque los babilonios mantuvieron a raya a muchos de sus enemigos, no eran rivales frente a una nueva amenaza: los persas bajo Ciro II, también conocido como Ciro el Grande. Creó el imperio más grande jamás visto en el mundo hasta ese momento de la historia: el Imperio aqueménida. Se extendería por todo el Medio Oriente hasta Asia Menor, a través del mar Mediterráneo hasta la futura Grecia, y hacia el norte de África.

*Ciro el Grande*

Antes de la invasión persa del Imperio neobabilónico, Mesopotamia se veía así:

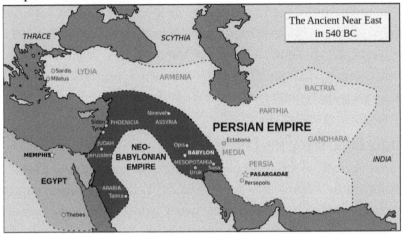

Judá estaba en el extremo occidental del Imperio neobabilónico, lo que demuestra la gran extensión del poderío militar y la destreza de Ciro el Grande. Conquistó a varios de sus enemigos en Asia Menor antes de centrar su atención en los babilonios. La batalla decisiva entre las dos potencias se conoce como la batalla de Opis, que tuvo lugar entre septiembre y octubre del 539 a. C.

## La Batalla de Opis

Opis era una ciudad a orillas del río Tigris que servía como un punto de entrada crucial al Imperio Neobabilónico. Durante su reinado, Nabucodonosor II fortificó completamente la región y construyó un muro fuerte y gigantesco en un intento para mantener alejados a los posibles invasores. Este se llamaba la Muralla Meda. Desafortunadamente para los babilonios, un extremo del muro estaba ubicado en Opis. La ciudad también tenía un puente que cruzaba el Mediterráneo, por lo que era un lugar clave para que los persas intentaran su asedio.

No se sabe mucho sobre lo que ocurrió durante la batalla. En cambio, los historiadores saben que la batalla de Opis terminó con una clara victoria persa y una derrota babilónica total, si no una derrota completa del ejército. Los persas hicieron un enorme saqueo de la ciudad y los registros indican que tuvo lugar una masacre, pero nadie sabe si fue de los ciudadanos de Opis o del ejército babilónico en retirada. Curiosamente, después de esta derrota, los babilonios parecieron darse por vencidos y permitieron la entrada de los persas, posiblemente porque Opis se tomó como ejemplo. Otros historiadores creen que Ciro el Grande llegó a un acuerdo con los gobernantes de Babilonia después de la destrucción de su ejército, lo que permitió a los persas reclamar Opis pacíficamente.

## Los Israelitas y los Persas

Una vez que el Imperio neobabilónico se derrumbara, Yehud se transformó en la provincia autónoma de Yehud Medinata. Era una importante zona administrativa, pero conservaba una pequeña población de no más de 30.000 personas en un momento dado. Una vez que muriera Ciro el Grande, su sucesor logró agregar Egipto al Imperio aqueménida, un movimiento que ubicaría a Yehud Medinata en la frontera del imperio y una frontera problemática para los persas. Durante los años de control persa, algunos de los israelitas desterrados por los babilonios regresaron a sus hogares, pero muchos se mantuvieron alejados.

Después de un período de agitación tras la muerte del gobernante persa en el 522 a. C., Ciro tomó el poder en 521 a. C..[42] Durante su reinado, reformó la administración del imperio y recolectó y codificó las leyes locales en todo el territorio persa. En este punto, decidió reformar muchos de los códigos legales y cómo se implementaron en toda la región, lo que resultó en la redacción simultánea de la Torá y la supresión de una gran parte de la herencia israelita. Los persas también hicieron en la región la transición de hablar hebreo a diario al arameo, aunque el hebreo se siguió utilizando con fines religiosos. A pesar de estos cambios, Ciro es conocido en la Biblia cristiana como un libertador de Judá, posiblemente porque derrotó a los conquistadores originales babilónicos.

---

[42] Matt Waters, *Antigua Persia: Una Historia Concisa del Imperio Aqueménida, 550-330 a. C.* (New York: Cambridge University Press, 2014).

Finalmente, la población de Yehud Medinata logró reconstruir Jerusalén y su templo, pero la población de la ciudad nunca superó los 1.500 habitantes. La ciudad una vez más se convirtió en la capital, esta vez de la provincia persa en el Imperio aqueménida. Los historiadores sospechan que el gobierno persa inicialmente trató de establecer un reino para administrar la provincia, muy probablemente dirigido por los descendientes de Joaquín. Joaquín era el rey de Judá antes de que cayera ante los babilonios. Sin embargo, hacia mediados del siglo V, Yehud Medinata y especialmente la ciudad de Jerusalén se convirtieron en una teocracia con sumos sacerdotes hereditarios. Un gobernador designado por los persas, casi siempre un hombre judío, recaudaba impuestos y mantenía el orden dentro de la provincia.

La provincia de Yehud Medinata era significativamente más pequeña que el antiguo reino de Judá. La mayoría de la gente vivía en pequeños pueblos sin muros y trabajaba como granjeros o pastores. Los persas utilizaron la provincia como un puesto militar puesto que estaba a lo largo de la frontera de su imperio y establecieron un par de instalaciones de acuñado de monedas ya que había recursos y minas cercanas.[43] Aunque el Antiguo Testamento afirma que más de 43.000 israelitas exiliados regresaron a la región, la evidencia indica que en ese momento la población realmente disminuyó. En ciertos puntos, había tan solo 500 personas en la capital de Jerusalén.

# Influencia Persa en el Lenguaje, la Literatura y la Religión

Como se mencionó brevemente en la última sección, el idioma de los israelitas cambió del hebreo al arameo. El arameo pertenece a la misma subfamilia semítica que el hebreo y tienen muchas similitudes. En particular, ambos idiomas se escribían usando el

---

[43] Ibid.

alfabeto hebreo y el arameo mismo. Al menos en la región de Yehud, ambos tenían numerosas palabras, prefijos y sufijos hebreos. Algunos estudiosos creen que los dos idiomas son tan cercanos entre sí como el español y el portugués en los tiempos contemporáneos. El arameo parece haber llegado con el imperio persa, donde muchos de los miembros hablaban el idioma.

También hubo cambios en la literatura, particularmente las formas finales de la Torá o el Antiguo Testamento Bíblico. Algunos de los libros antiguos originalmente incluidos en las prácticas religiosas desaparecieron y fueron reemplazados por nuevos escritos. Entre estas creaciones estaban Ben Sira, Tobit, Judith, Enoc 1 y Macabeos. Los libros de José para los reyes se sometieron a una enorme revisión y edición para desarrollar también sus formas completas. La escritura también se hizo más autoritaria, aludiendo al desarrollo de un cuerpo de escrituras diseñado para contar la historia oficial de la religión y las prácticas de la gente.

Junto con estos desarrollos en la obra sagrada de los israelitas, se produjeron cambios en la práctica y el pensamiento religiosos reales. Durante los siglos IX y VIII a. C., los israelitas no eran del todo monoteístas. Todavía existía el culto a los dioses familiares y los cultos de la fertilidad, y ni siquiera el aporte de los asirios, que creían que su rey era divino, apresuraría el proceso de que la deidad israelita se volviera singular. Esto cambió cerca de la llegada de los persas, que trajeron la influencia del zoroastrismo.

El zoroastrismo es una de las religiones más antiguas conocidas en la existencia humana. Predica la existencia de un ser supremo que creó el universo, una clara dicotomía entre el bien y el mal, y una escatología que predice la caída del mal y el fin de la historia humana.[4] Algunos creen que el zoroastrismo influyó en los israelitas para que adoptaran plenamente la idea de un Yahveh supremo y poderoso y el movimiento de otros dioses ancestrales para

---

[4] Una escatología es una teología que predice el fin de los acontecimientos humanos o el destino final de la humanidad, la mayoría de las religiones modernas tienen una.

convertirse en ángeles y demonios en un panteón separado. Sería sorprendente si el zoroastrismo y los persas no tuvieran ninguna influencia en la religión israelita teniendo en cuenta que los persas controlaron a casi toda la población durante más de un siglo, y se pueden encontrar influencias similares en otras áreas dominadas por ellos.

*El Imperio aqueménida persa*

Un desarrollo final para los israelitas fue la idea cimentada de la "alteridad", que comenzó con los exiliados durante la ocupación babilónica y se extendió gradualmente por todo Yehud. Anteriormente, los israelitas poseían relaciones cordiales con sus pueblos vecinos y los matrimonios mixtos ocurrían con frecuencia, incluso si no eran totalmente compatibles. Durante el dominio persa sobre los israelitas, los exiliados que regresaron a Jerusalén y a la antigua Judá comenzaron a difundir la idea de ser el pueblo elegido de Yahveh, que ahora era un ser supremo. Puesto que fueron elegidos, los israelitas no podían casarse con no miembros de la religión sin perder esa condición.

# La Caída del Imperio Aqueménida en el Levante

Los antiguos reinos de Israel y Judá volvieron a ver agitación y conflictos a partir del siglo IV a. C., cuando el Imperio aqueménida fue atacado por una de las figuras más discutidas de la historia: Alejandro Magno. Alejandro Magno, cuyo verdadero nombre era Alejandro III de Macedonia, provenía de un antiguo reino griego. Sucedió a su padre a la tierna edad de 20 años e inmediatamente comenzó campañas militares que abarcaron Europa, Asia y África. Después de dos años en el trono, Alejandro implementaría los planes de su difunto padre para expandirse en territorio persa y comenzó a hacer la guerra en el 334 a. C.[45]

A pesar de bordear el mar Mediterráneo, Yehud no se vio afectado por la invasión temprana. Alejandro decidió atacar el Imperio aqueménida a través de Anatolia, que forma la moderna Turquía. El gobernante de los persas en ese momento, un hombre llamado Darío III, no creía que Alejandro, que dirigía la Liga Helénica Griega, pudiera reclamar ningún territorio, por lo que permaneció en el capitolio de Persépolis. Su plan era que los sátrapas o gobernadores de las provincias de Anatolia manejaran el problema con sus propios ejércitos. Cuando eso falló y Alejandro ganó terreno rápidamente, Darío III dejó Persépolis y se dispuso con sus propias fuerzas a encontrarse con el general griego en el campo de batalla.

Al frente de los persas, Darío III sufrió una derrota humillante y devastadora durante la batalla de Issos, que tuvo lugar cerca de la moderna ciudad de Issos en Turquía. A pesar de aparecer con más del doble de tropas y caballería, Alejandro derrotó a Darío III y este perdió el control sobre Anatolia. Aún más vergonzoso fue el hecho que Alejandro secuestrara a la esposa, las hijas y la madre de Darío III, ya que habían acompañado al rey persa en su campaña. La batalla de Issos tuvo lugar en el 333 a. C. y marcó el comienzo del fin del Imperio aqueménida.

---

[45] Profesor Thomas R. Martin y Christopher W. Blackwell, *Alejandro Magno: la Historia de Una Vida Antigua* (Nueva York: Cambridge University Press, 2012).

*La Batalla de Alejandro en Issos de Albrecht Altdorfer*

En ese momento, Darío III le ofreció a Alejandro un tratado de paz donde Alejandro podría mantener el territorio conquistado y recibir 10.000 talentos a cambio de la familia del rey persa. Alejandro se negó, alegando que ahora él era el rey de Asia. Más tarde, en el 333 a. C., marchó hacia el Levante, en el que se encontraba la provincia de Yehud. Toda la zona se resistió y Alejandro hizo un ejemplo de la ciudad de Tiro, en el actual Líbano. Después de un largo asedio de muchos meses, Tiro cayó y Alejandro hizo ejecutar a todos los hombres en edad militar, mientras que las mujeres y los niños fueron vendidos como esclavos. El resto de la región cayó rápidamente con poca resistencia, incluido Yehud.

# Los Israelitas bajo Alejandro Magno

Alejandro hizo poco por la administración o el gobierno real. Recolectó los tributos de manera similar a los persas y no tuvo problemas en permitir que los pueblos capturados continuaran practicando su cultura y religión, lo que permitió a los israelitas continuar su adoración de Yahveh. Si bien su conquista promovió la helenización, o la difusión del idioma griego y la incorporación de elementos culturales de otras sociedades, esto no sucedió realmente con los israelitas.

En cambio, el destino no cambiaría para los israelitas hasta que Alejandro Magno muriera poco después de comenzar sus conquistas alrededor del 323 a. C., a la edad de 32 años.[46] Esto constituyó un problema porque el conquistador no tenía un claro sucesor. Su hijo nació después de su muerte, y aunque su guardaespaldas y uno de los principales generales eligieron ser reyes conjuntos hasta que el niño tuviera la edad suficiente para asumir el trono, todo se vino abajo. Los generales elegidos para dirigir satrapías individuales comenzaron a luchar entre ellos, generando un conflicto que duraría 40 años. Finalmente, el Imperio de Alejandro se dividió en cuatro partes separadas: el Egipto ptolemaico, la Mesopotamia seléucida y el Asia central, la Anatolia Atálida y Macedonia Antigónida. Los israelitas pertenecían a la Mesopotamia seléucida y al Asia central.

---

[46] Ibid.

# Capítulo 6 - El Período Helenístico y Judea bajo los Seléucidas

Si bien los israelitas eventualmente se convertirían en parte de la Mesopotamia seléucida y Asia central, esto no sucedió de inmediato. Durante las luchas internas entre los generales de Alejandro, la provincia de Yehud quedó bajo el control de un hombre conocido como Ptolomeo I, de cuyo nombre se deriva el término "Egipto ptolomeico". En 321 a. C., el guardaespaldas y amigo de Alejandro, Pérdicas, intentó invadir Egipto. Perdió una gran batalla en el río Nilo, y sus hombres lo asesinaron esa noche mientras dormía en su tienda. Ptolomeo I era enemigo de Pérdicas y el sátrapa de Egipto. Una vez que Pérdicas no pudo tomar el área, sus hombres desertaron al ejército de Ptolomeo.

Ptolomeo I era una figura enigmática. Según la ascendencia que él reclamaba, era el medio hermano de Alejandro, un hecho que los registros genealógicos conservados señalan que podría ser cierto. A diferencia de muchos de los otros generales de Alejandro que anteponían sus ansias de poder a sus aptitudes, Ptolomeo I poseía una estrategia sólida que había comenzado en su tierra natal. Aunque tenía sueños expansionistas, sabía que nunca podría retomar la totalidad de las conquistas de Alejandro y centró su atención en asegurar Egipto antes de trasladarse a la región circundante. En particular, deseaba Cirenaica, Chipre y Siria, incluida una vez más, la nueva provincia de Judea-Judá.[47]

Durante dos décadas, Ptolomeo reclamó y luego evacuó Siria cuatro veces por los enfrentamientos entre los generales de Alejandro. La tercera y cuarta vez tuvo lugar entre los años 302 y 301 antes de Cristo. Ptolomeo se unió a una coalición para derrocar a un general especialmente poderoso ganando territorio, y ocupó Siria a lo largo del frente de batalla. Sin embargo, recibió una información errónea y, pensando que sus amigos habían sido derrotados, se fue. Cuando descubrió el error, regresó, pero ya era demasiado tarde. La coalición creyó que los abandonaba y, por lo tanto, regaló Siria y Judea a Seleuco I Nicátor, el sátrapa de Babilonia. Por su sed de poder, excelente estrategia militar y absoluta determinación, Seleuco logró reclamar toda la sección oriental del imperio de Alejandro, que incluía Asia y Anatolia. Sin embargo, como muchos de los otros generales, Seleuco se volvió codicioso e intentó tomar varios de los territorios europeos en poder de otros, incluidos Tracia y Macedonia. Llegó a Tracia en el 281 a. C. y fue asesinado por algunos rivales que se escondían en la corte. Su hijo, Antíoco I, lo reemplazó, y los israelitas continuaron bajo el poderoso Imperio seléucida.

## Helenización y Antíoco IV

En general, los israelitas no se opusieron a vivir bajo el control del Imperio seléucida, siempre que pudieran practicar su religión, ahora se conoce como el judaísmo. Sin embargo, esto no significa que estuvieran de acuerdo entre sí sobre cómo debería ser la vida. Como

---

[47] Ian Worthington, *Ptolomeo I: Rey y Faraón de Egipto* (New York: Oxford University Press, 2016).

se mencionó anteriormente, Alejandro trajo consigo un período de helenización, donde la cultura griega, las ideas e incluso el lenguaje, comenzaron a extenderse por toda Europa, Asia y África. Algunos israelitas favorecían el proceso de helenización, mientras que otros se oponían vehementemente a ella. Muchos pueblos tampoco podían ponerse de acuerdo sobre si Judea debiera ser leal o no a la dinastía de los ptolomeo o los seléucidas, ya que, en unas pocas décadas, habían vivido bajo uno u otro.

Estas tensiones llegaron a un punto crítico en el 175 a. C., cuando muriera el sumo sacerdote Simón II,[48] el cual tenía dos hijos que podían heredar su cargo. El primero era Onías III, que favorecía a los ptolomeo y se oponía a la helenización. El segundo era Jasón, que apoyaba los seléucidas, así como el proceso de helenización. Lo que siguió no estaba bien documentado, pero se sabe que vinieron años de intriga política y en la corte, durante los cuales varios pueblos intentaron sobornar al rey por el puesto de sumo sacerdote. Las acusaciones de asesinato enrarecieron el aire entre los contendientes. Con el tiempo, estallaría una pequeña guerra civil.

Al final, Jasón ascendió a la posición de sumo sacerdote y comenzó la helenización haciendo construir de una arena para juegos y un gimnasio cerca del templo judío en Jerusalén. Algunas personas incluso se sometieron al proceso de restauración no quirúrgica del prepucio para poder asociarse desnudos con otros en el gimnasio, como era la costumbre griega, sin que se burlasen.

El siguiente problema para israelitas vino de la mano de Antíoco IV Epífanes. Fue un rey seléucida entre 175 a. C.-164 a. C. Durante su reinado, lanzó un ataque contra Egipto, supuestamente sin ningún apoyo judío. Cuando se vio obligado a volver por Roma, él y sus hombres se detuvieron en Jerusalén y saquearon el templo, robando importantes ídolos religiosos y tesoros. Además, los soldados masacraron a un número desconocido de Judíos. Poco después del asalto, Antíoco IV impuso duras leyes en Judea que intentaban debilitar la religión de los israelitas. Entre ellas, estaba prohibir la posesión de escrituras judías, la práctica de la circuncisión, y tratar de hacer cumplir el culto de Zeus. Estos ataques contra la religión judía se pueden ver en el libro religioso de los macabeos, que dice:

*"Y después de que Antíoco hubiese herido a Egipto, regresó de nuevo en el año ciento cuarenta y tres, y subió contra Israel y Jerusalén con una gran multitud,*

*Y entró orgullosamente en el santuario, y quitó el altar de oro, y el candelabro de luz, y todos sus vasos...*

*Y cuando se lo llevó todo, se fue a su tierra, después de haber cometido una gran masacre, y habló con orgullo.*

*Por consiguiente, hubo un gran duelo en Israel, en cada lugar donde estaban".*[49]

Las acciones de Antíoco IV no fueron incuestionables. Numerosos miembros de la población de Judea se rebelaron contra el gobierno seléucida en un evento conocido como la revuelta macabea.

## La Revuelta Macabea

Aunque los libros religiosos representan la revuelta de los macabeos como una rebelión total contra los seléucidas, muchos estudiosos modernos creen que en realidad formaba parte de una guerra civil entre aquellos israelitas que deseaban ser helenizados y aquellos que se rehusaban. Según la literatura, la revuelta comenzó cuando un sacerdote judío rural llamado Matatías el Asmoneo se negó a adorar a los dioses griegos y luego mató a otro hombre que intentó colocar una ofrenda a un ídolo en la ciudad. Él y sus cinco hijos huyeron al desierto, donde Matatías moriría aproximadamente un año después.

---

[48] En ese momento, el Sumo Sacerdote era el principal funcionario religioso de toda la provincia, cuya autoridad eclesiástica solo era superada por el rey.
[49] 1 Macabeos 20:25.

*1866 Pintura de Matatías de Gustave Doré*

Una vez que muriera Matatías, su hijo Judá dirigió un ejército de disidentes al desierto en el 166 a. C. Los disidentes lucharon contra los seléucidas por medio de la guerra de guerrillas y acciones que hoy serían cuestionables. En el camino, destruyeron altares paganos, circuncidaron a la fuerza a niños pequeños y atacaron a judíos helenizados. La guerra se produjo en su mayor parte a través de una serie de pequeñas batallas donde las rápidas tácticas relámpago de la infantería ligera macabea frecuentemente triunfaban sobre los lentos seléucidas. Los principales conflictos conocidos incluyen:

- Batalla de Uadi Haramia (167 a. C.)
- -Batalla de Bet Horón (166 a. C.)
- -Batalla de Emaús (166 a. C.)
- -Batalla de Bet Zur (164 a. C.)
- -Batalla de Bet Zacarías (162 a. C.)
- -Batalla de Adasa (161 a. C.)
- -Batalla de Elasa (160 a. C.)

Finalmente, las fuerzas de los macabeos triunfaron y entraron en Jerusalén. Limpiaron y volvieron a dedicar el templo mientras restablecían el culto judío tradicional. Al mismo tiempo, nombraron a Jonatán macabeo como el sumo sacerdote. El Imperio seléucida envió un batallón de soldados para recuperar Jerusalén, pero finalmente se retiraron cuando Antíoco IV muriera poco después.

# Capítulo 7 – La Dinastía Asmonea Temprana

Judea lentamente entró en un nuevo período bajo el control de la dinastía asmonea. Esta dinastía estaba formada por Matatías y sus hijos, quienes reclamaban Judea y partes del territorio circundante. Durante sus primeros años, la dinastía asmonea sirvió como estado vasallo para el debilitado Imperio seléucida, pero eventualmente ganaría algo de autonomía antes de sucumbir ante los romanos al oeste.

El hijo de Matatías, Judá, dirigió la mayoría del conflicto contra los seléucidas. Los judíos tenían varias ventajas militares porque la mayoría de las batallas se libraron en territorio de origen judío y contaban con unidades guerrilleras rápidas contra los seléucidas más lentos y establecidos. Sin embargo, los macabeos que formaban la dinastía asmonea nunca habrían visto una victoria si no fuera por los conflictos internos dentro del Imperio seléucida provocados por disputas sobre el poder y las malas relaciones exteriores con potencias cercanas como el Egipto ptolomeico.

Demetrio I Soter era el principal enemigo de Judá y el que tenía debilidades para ser explotadas, pero solo después de la muerte de Judá. Como se mencionó anteriormente, Judá conducía la mayoría de los conflictos militares en nombre de los macabeos y, por lo tanto, vio la mayor parte de los combates durante el surgimiento de la dinastía asmonea. Se encontró cara a cara en el campo de batalla con los generales de Demetrio I Soter varias veces, incluso en la célebre batalla de Elasa.

Mientras Demetrio I Soter manejaba los asuntos del este, envió a un hombre llamado Báquides para manejar los asuntos de su territorio al oeste. Báquides decidió atacar el creciente poder autónomo de Judea bajo los macabeos y recibió la aprobación de Demetrio I Soter para comenzar las acciones militares ofensivas. Durante la batalla de Elasa, marchó sobre Jerusalén con más de 20.000 hombres, incluyendo la infantería fuertemente armada dispuesta en una formación clásica de falange. Judá solo tenía 3.000 hombres protegiendo Jerusalén junto con él, y las fuentes indican que al menos 2/3 del ejército huyeron al ver a las fuerzas seléucidas. Después de una lucha tensa entre los seléucidas y las fuerzas restantes de los macabeos, Judá fue ejecutado y el territorio nuevamente pasó a manos del Imperio seléucida.

*Muerte de Judas macabeo por José Teófilo de Jesús*

Báquides estableció un nuevo orden en Jerusalén con los helenos a cargo de la región de Israel. Jonatán, un hermano de Judá, tomó a los patriotas restantes que no murieron durante el conflicto y escapó a través del río Jordán. Se involucraron en varias batallas militares y finalmente se quedaron escondidos en los pantanos de la zona. Báquides decidió abandonar Israel. Sin embargo, menos de dos años después, una ciudad llamada Acre se enfrentaría a una amenaza lo suficientemente significativa de los macabeos restantes como para contactar a Demetrio I Soter para obtener ayuda. Demetrio envió nuevamente a Báquides a la zona.

Jonatán y sus fuerzas tenían más experiencia en la guerra de guerrillas que antes y se encontraron con Báquides en el desierto antes de retirarse a una fortaleza llamada Bet-Hogla. Báquides asedió el escondite de Jonathan durante varios días. Posteriormente, las fuentes no están claras. Los libros de los macabeos indican que Jonatán firmó un tratado de paz con Báquides, donde intercambiaron rehenes y declararon el fin de las hostilidades. Los libros luego dicen que Báquides se fue y nunca regresó, mientras Jonatán siguió luchando para establecer una nueva dinastía.

## Alejandro Balas

Lo que se sabe es que Demetrio I Soter estaba luchando debido a las malas relaciones internacionales con los líderes cercanos. Entre las muchas personas que lo denunciaron o decidieron dejar de cooperar con él, se encontraban varios otros gobernantes que decidieron dejar de reconocer a Demetrio I Soter como el gobernante legítimo de los seléucidas. En cambio, personas como Ptolomeo VI y Cleopatra de Egipto y Atalo II Filadelfo de Pérgamo apoyaron a Alexander Balas, quien impulsó su reclamo al trono.

Alejandro Balas en realidad no tenía derecho legítimo al trono. Provenía de la ciudad de Esmirna y era un plebeyo, pero fingía ser hijo de Antíoco IV Epífanes y Laodice IV. Heráclides, antiguo primer ministro y eventual usurpador del poder, descubrió a Alejandro Balas y a su hermana y comenzó a presentarlos como los hijos legítimos del rey y la reina muertos. A pesar de ser ejecutado por Demetrio I Soter, las afirmaciones de Heráclides se mantuvieron en pie y Alejandro Balas recibió el reconocimiento del Senado romano y de la dinastía ptolemaica de Egipto.

Alejandro Balas se levantó contra Demetrio I Soter en el año 150 a. C. Se alió con los macabeos sugiriéndole una contraoferta a Jonatán que superaba las promesas de legitimidad y libre gobierno de Judea de Demetrio I Soter. Alejandro Balas prometió_que Jonatan podría convertirse en el nuevo sumo sacerdote sin oposición y reclutar su propio ejército para defender Jerusalén. Jonatan esperaba que Demetrio I Soter retirara sus guarniciones de Judea y escuchó al gobernante actual del Imperio seléucida que le prometía un gobierno de alguna autonomía. Se mudó a Jerusalén en el 153 a. C., gradualmente_armó un ejército y construyó sus propias guarniciones. Cuando estalló la guerra, Jonatán, y por extensión, los israelitas, se pusieron del lado de Alejandro Balas. Alejandro Balas derrotó a Demetrio I Soter en 150 a. C.

Luego, extendió una invitación a Jonatán. El nuevo Sumo Sacerdote de Jerusalén pudo asistir a la boda del nuevo emperador seléucida con una princesa de la dinastía ptolemaica y se le permitió sentarse en la mesa alta como invitado de honor. Alejandro Balas incluso permitió brevemente a Jonatán usar la túnica real y aceptó gentilmente los regalos y alabanzas del israelita. Jonatán era ahora el gobernante autónomo de Judea y promovió la Dinastía Asmonea. Alejandro Balas lo nombró general militar y gobernador provincial de Judea bajo protección seléucida e ignoró las quejas del partido helenístico a favor de su aliado en la guerra.

## El Gobierno de Jonatán

El período de Alejandro Balas como gobernante fue corto. En 147 a. C., un hombre llamado Demetrio II Nicátor desafió a Balas. Demetrio II Nicátor era hijo de Demetrio I Soter y comenzó una larga guerra contra Balas. Mientras la sede del Imperio seléucida estaba en desbandada, el gobernador de toda Celesiria desafió a Jonatán. Judea existía dentro de esta provincia más grande, y el gobernador Apolonio Taos decidió usar el caos de la monarquía para expulsar a los judíos de Jerusalén. [50]

*La ubicación de Celesiria*

Jonatán se encontró con Apolonio Taos en el campo de batalla con 10.000 soldados. Marcharon hacia la ciudad de Jafa y atacaron rápidamente, obligando a la ciudad que no estaba preparada a abrir sus puertas. Apolonio pidió refuerzos para defender a Jafa y los recibió de la ciudad separada de Azoto. Desafió a Jonatán en el campo de batalla y se apareció con 3.000 soldados de infantería, incluida una poderosa caballería. A pesar de esta ventaja, Jonatán logró vencer a Apolonio. Capturó y quemó a Azoto por su participación en el ataque y destruyó el interior del templo de Dagón, un antiguo dios de la fertilidad. Alejandro Balas recompensó a Jonatán con la ciudad de Akron y su territorio circundante, y Jonatán regresó en paz a Jerusalén. ´

La batalla entre Alejandro Balas y Demetrio II Nicátor continuaba. Del lado de Demetrio II estaba su suegro, Ptolomeo VI. Ptolomeo VI se encontró con Alejandro Balas en el campo durante

---

[50] Igor P. Lipovsky, *Judea Entre Dos Eras* (Boston: Cambridge Publishing, Inc., 2017).

la batalla de Antioquía en el 145 a. C. Alejandro Balas perdió la vida y también Ptolomeo VI. Demetrio II logró convertirse en el único gobernante del Imperio seléucida y se casó con la esposa de Balas para afianzar aún más su legitimidad. Jonatán no fue leal al nuevo rey y en cambio acumuló sus fuerzas para sitiar al Acra. El Acra era una importante fortaleza seléucida en Jerusalén y simbolizaba el poder del imperio sobre Judea. En ese momento era una de las secciones más fortificadas de la ciudad y serviría como refugio para los helenistas de Judea que deseaban existir bajo el control de los seléucidas. El ataque de Jonatán no tuvo éxito. El mismo Demetrio II se apareció en la cercana ciudad de Ptolomeo con un gran ejército y exigió ver a Jonatán en persona para responsabilizarlo por su traición.

*1903 mapa de Jerusalén con el Acra*

Jonathan se presentó ante Demetrio II y compró el favor del emperador con presentes y regalos. Demetrio II reconoció la posición de Jonatán como sumo sacerdote y pareció perdonar el ataque contra Acra con la condición de que Jonatán suspendiera el asedio y nunca intentase un acto similar en el futuro. Demetrio II aceptó además de Jonatán la gran suma de 300 talentos, eximió a Judea de impuestos por un corto período, y le otorgó al sumo sacerdote las toparquías cercanas (un área a ser gobernada) del monte Efraín, Lod y Ramathaim-Zophim.[51]

Nuevamente, la paz no duraría. Demetrio II pronto se vio desafiado por un hombre llamado Diodoto Trifón, un ex general de Alejandro Balas. Servía como tutor y cuidador del hijo sobreviviente de tres años de Balas, a quien Diodoto pretendía usar como gobernante títere mientras él se convertía en rey. Demetrio II se comprometió a retirar sus batallones de la ciudad de Acra en Jerusalén a cambio de la lealtad de Jonatán. También quería tropas de Judea, ya que sus fuerzas se extendían por los levantamientos en todo el imperio; mucha gente apoyaba a Diodoto.

Jonatán envió unos 3.000 soldados a Demetrio II. Ellos protegían al rey en su ciudad de los sujetos del Imperio seléucida. Sin embargo, Demetrio II no eliminó las guarniciones como había prometido, y Jonatán decidió desertar a la manera de cualquier otro sujeto leal y molesto. Diodoto recompensó el apoyo de Jonatán reafirmando su posición como sumo sacerdote y nombrando al hermano de Jonatán, Simón, como el general militar a cargo de la costa del mar y parte del territorio que conduce desde Judea a Egipto.

Jonatán y Simón fueron a luego a una serie de conquistas militares y comenzaron a reafirmar sus tratados con los reinos como la República romana. Sin embargo, Jonatán se extralimitaría. Sus aspiraciones al poder no pasaron desapercibidas, y Diodoto invitó al Sumo Sacerdote a reunirse con él. Diodoto llegó a las afueras de Judea con un ejército y esperó a Jonatán en la ciudad de Escitópolis. Jonatán llegó con 1.000 hombres, creyendo que Diodoto le daría

---

[51] Un talento romano equivalía aproximadamente a 32.3 kilogramos de un metal precioso, es

otras fortalezas para controlar. Diodoto en cambio mató a los soldados de Jonatán y tomó prisionero al sumo sacerdote por sus acciones.

## El Liderazgo de Simón

Diodoto intentó invadir Judea, pero se topó con el hermano de Jonatán, Simón. Diodoto trató de convencer a Simón de que prometiera liberar a Jonatán a cambio de 100 talentos de oro sustituyendo a los dos hijos de Jonatán como rehenes. Simón aceptó a regañadientes porque no quería causar la muerte de su hermano, pero no confiaba en lo más mínimo en Diodoto. Efectivamente, Diodoto había ejecutado a Jonatán después de recibir el dinero y los rehenes.

Simón se convirtió en el líder oficial y sumo sacerdote de Judea en el 142 a. C. La totalidad de los sacerdotes y la nobleza de Judea sacaron una resolución para mantener a los asmoneos en el poder hasta que apareciera un profeta que guiara al pueblo. Teniendo en cuenta lo duro que los macabeos habían luchado contra la helenización, es irónico observar que esta resolución, de la que se beneficiarían, se establecería a la manera helénica.[52]

La dinastía asmonea realmente comenzaría bajo Simón. Finalmente capturó la ciudadela seléucida en Jerusalén alrededor del año 141 a. C. Para el año 139 a. C., Roma había reconocido a la dinastía durante la visita de Simón. Judea parecía capaz de hacerse cargo y soportar futuras incursiones del Imperio seléucida durante un corto período. Simón gobernaría en paz desde el año 142 a. C. hasta el 135 a. C., cuando fue asesinado abruptamente. Su asesino no era otro que su yerno, quien además asesinó a los dos hijos mayores de Simón cuando intentaban acercarse al trono.[53]

---

decir una cantidad significativa de oro.
[52] Ibid.
[53] J.W. Rogerson, *El Manual de Estudios Bíblicos de Oxford,* (Oxford University Press, Oxford, p. 292.

# Capítulo 8 - La Expansión Asmonea y la Guerra Civil

## Juan Hircano

Juan Hircano llegó al trono como el tercer hijo mayor de Simón. Asumió el liderazgo y aceptó el título de sumo sacerdote, al tiempo que tomaba un nombre helenizado para apaciguar a ciertos miembros del Imperio seléucida. A su acceso al trono, Hircano tenía 30 años y Judea y el Imperio seléucida volvían a estar al borde del precipicio de la guerra. Efectivamente, el rey seléucida Antíoco VII Sidetes atacó a Jerusalén.

Antíoco VII quemó y saqueó el campo alrededor de Jerusalén antes de sitiar la ciudad durante todo un año. Hircano decidió evacuar a todos los ciudadanos de la ciudad que no pudieran ayudar en la defensa de Jerusalén. Naturalmente, Antíoco VII se negó a dejar pasar a los refugiados más allá de su línea del frente. Por lo tanto, los refugiados quedaron atrapados entre los dos lados del asedio y padecieron hambre, abuso de los soldados y diversas enfermedades comunes en el campo de batalla. Hircano finalmente recuperó el sentido y permitió que los refugiados volvieran a entrar, pero Jerusalén enfrentó una mayor escasez de alimentos y hambre.

Una vez que pasó un año, intentó negociar un acuerdo con Antíoco VII.

Antíoco VII acordó una tregua. Juntos, él e Hircano esbozaron un tratado que complacía al Imperio seléucida y le robaba el poder a Judea. A cambio de la paz, Hircano pagaría a Antíoco VII 3.000 talentos de plata que supuestamente se vio obligado a retirar de la tumba del famoso rey David. Además, necesitaba derribar los muros protectores de Jerusalén, participar en la guerra seléucida contra su enemigo, los partos, y reconocer el control seléucida de Judea. Juntos, todos estos términos eran extremadamente duros y diseñados para debilitar y romper el poder que la dinastía asmonea había construido a lo largo de los años.

Después de la guerra Judea sufrió económicamente, en gran parte porque el Imperio seléucida decidió imponer fuertes impuestos a la región. Hircano dejó su posición para acompañar a Antíoco VII durante su campaña militar contra los partos, donde fue obligado a dirigir las fuerzas judías.[54] Rápidamente perdió apoyo entre la población de Judea debido a su ausencia e inexperiencia en la política. La gente del campo lo odiaba por permitir que los seléucidas saquearan sus tierras, mientras que los religiosos lo detestaban por saquear la tumba de David para recuperar los talentos de plata. A la tierna edad de 31 años, Hircano era odiado por su propio pueblo.

Todo esto cambiaría después de la muerte de Antíoco VII en el 128 a. C., quien fuera asesinado en la batalla contra los partos. Hircano reconoció su ventaja y manipuló los disturbios en el Imperio Seléucida después de la pérdida de un líder. Demetrio II regresó del exilio para tratar de recuperar el control de todo el imperio, pero no pudo avanzar contra la Judea empoderada. Peor aún, el Imperio seléucida se vio desintegrado en principados separados ya que los príncipes no podían acordar quién debería controlar el territorio. Estos nuevos principados incluían a los amonitas de Transjordania, los Itureos del Líbano y los nabateos árabes, todos los cuales vivían cerca de Judea, el futuro reino asmoneo.[55]

Juan Hircano comenzó a llevar a cabo campañas militares para conquistar el antiguo territorio seléucida alrededor del año 113 a. C. El primer objetivo en su lista era Samaria, una tierra ubicada en la Palestina contemporánea y cerca de Judea. Comenzó una campaña militar extensa y agotadora para debilitar las defensas de Samaria y puso a sus hijos a cargo del asedio. Samaria sabía que sería difícil derrotar al ejército que Hircano fue armando en ausencia del Imperio seléucida y pidió ayuda. Uno de los reyes del Imperio seléucida envió 6.000 tropas.[56]

Hircano continuó el asedio durante un año hasta que toda la región se derrumbara. Los mercenarios del rey seléucida encontraron su muerte, e Hircano comenzó una política de obligar a los no judíos a empezar a practicar las costumbres y leyes judías. Muchos de los habitantes de Samaria se encontraron esclavos de los judíos y pronto cayó la ciudad de Escitópolis.

Las ambiciones de Hircano continuarían sin cesar. Después posó su vista en Transjordania en el 110 a. C. Transjordania se encontraba el sur del Levante al este del río Jordán y de Judea. Hircano primero atacó la ciudad de Madaba y la reclamó como suya dentro de los seis meses. Luego capturó a Siquem y al Monte Garizín, donde destruyó los templos samaritanos y las reliquias religiosas para difundir el judaísmo. Sus ataques contra los llamados dioses paganos e ídolos religiosos elevaron su reputación entre su pueblo, especialmente los conservadores religiosos que estaban enojados por la apertura de la tumba de David. De hecho, los continuos éxitos militares de Hircano aumentaron enormemente su valor a los ojos de los

---

[54] Joseph Sievers, y Jacob Neusner, ed., *Los Asmoneos y sus Partidarios: de Matatías hasta la Muerte de Juan Hircano.* (Atlanta: Scholars Press, 1990), 140.
[55] Gaalyahu Cornfled, *de Daniel a Pablo: Judíos en Conflicto con la Civilización Grecorromana,* (New York: The Macmillan Company, 1962), 50.
[56] Lipovsky, *Judea entre Dos Eras.*

---

israelitas, ya que parecía que estaban llegando nuevamente al poder en la región.

Hircano luego eligió ir al sur y atacar a los edomitas que vivían al sur de Judea. Conquistó numerosas ciudades y luego ordenó a los pueblos someterse a conversiones forzadas al judaísmo, un movimiento que no se había visto en ningún gobernante judío anterior. Algunas fuentes dicen que la gente se convertía voluntariamente para seguir viviendo en su territorio, pero otras indican que los edomitas se vieron obligados a someterse a circuncisiones y practicar la ley judía bajo amenaza de la muerte.

Aparte de sus logros militares, Hircano era conocido por su estabilización de la posición de Judea en el Levante. El asedio de Jerusalén dejó a Judea en una situación financiera grave, un problema que se resolvió con la conquista. Lugares como Samaria ahora rendían homenaje a Judea, e Hircano pudo acuñar su propia moneda y comenzar varios proyectos de construcción, incluida la fortaleza Hircana en el desierto. También firmo tratados de paz con potencias crecientes como la República romana, los reinos griegos de Atenas y Pérgamo, e incluso el Egipto ptolemaico.

## Los Sucesores de Juan Hircano

Sin embargo, la paz no duraría. Cuando Hircano murió, decretó que su esposa debía ser la nueva gobernante, convirtiéndose el mayor de sus cinco hijos en el sumo sacerdote en lugar del próximo rey. El hijo mayor, Aristóbulo I, no tomó bien las noticias. Cuando su padre murió, encarceló a su madre y a tres de sus hermanos. Permitió que su madre se muriera de hambre mientras él se hacía del trono, solo para morir de una enfermedad insoportable menos de un año después, en el año 103 a. C.

Durante su corto reinado, Aristóbulo I expandió aún más las conquistas de su padre. Reclamó Galilea, una región en el norte del moderno Israel. A pesar de la resistencia de las tribus locales y el terreno difícil, los judíos marcharon fácilmente a través de Galilea y forzaron a los pueblos nativos a convertirse al judaísmo. La práctica de la circuncisión forzada fue especialmente común en la región.

Tras su muerte, la esposa de Aristóbulo I, Salomé Alejandra, liberó a sus hermanos de la prisión. Eligió colocar en el trono a Alejandro Janneo y se casó con él para mantener su posición. Alejandro reinó desde 103 a. C. al 76 a. C., durante los cuales libró una larga guerra civil contra el rey seléucida Demetrio III Eucarios o Filópator. También se ocupó de las rebeliones internas en Jerusalén y crucificó a más de 800 rebeldes judíos en una demostración de fuerza.

La dinastía asmonea perdió el control de Transjordania alrededor del año 93 a. C. a manos de un pueblo árabe del sur de Levante, y Alejandro se vio obligado a pagar a sus enemigos para que no se pusieran del lado de los revolucionarios en Jerusalén que querían que fuera removido del poder. Alejandro murió alrededor del año 76 a. C. y fue reemplazado por Salomé Alejandra, quien gobernó desde el 76 a. C. al 67 a. C. Fue una de las dos únicas reinas judías. Nombró a su hijo como su sumo sacerdote, que se convertiría en el nuevo rey después de la muerte de su madre. Durante su reinado, el reino asmoneo logró su mayor extensión.

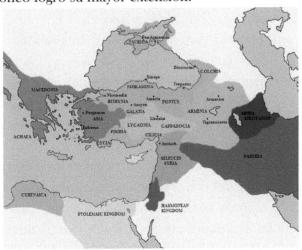

*El reino asmoneo*

# Los Fariseos y los Saduceos

Durante su existencia, la dinastía asmonea luchó con dos facciones políticas y religiosas separadas: los fariseos y los saduceos. Como se vio anteriormente, los fariseos como partido surgieron poco después de que Juan Hircano estableciera su nueva monarquía y desarrollara una dinastía israelita que no se basaba en el linaje familiar de David. La palabra "fariseos" significa algo así como "separatistas" y se refiere a un grupo de israelitas que observaban las leyes tradicionales de pureza y mantenían la antigua representación de la Torá, la ley de Dios tal como se mostró a Moisés. La base principal de los fariseos estaba en las clases bajas y los pueblos comunes.

La mayoría de los saduceos eran individuos de clase alta que controlaban los aspectos políticos y sociales de Judea. Los saduceos ignoraban la tradición oral de la Torá que seguían los fariseos. También adoptaron una traducción más literal de los documentos sagrados, que muchos vieron como una helenización continua de las creencias judías tradicionales.

Los fariseos y saduceos separaban las clases y finalmente formaron las facciones políticas que se convertirían en los bandos de la guerra civil asmonea. Los fariseos apoyaban la antigua forma de vida judía y se oponía a muchas de las acciones de la dinastía asmonea, incluidas las guerras de expansión y las conversiones forzadas. La separación entre los dos bandos empeoró aún más cuando los fariseos exigieron que Alejandro Janneo eligiera entre ser sumo sacerdote o rey. En respuesta, Janneo implementó los ritos de los saduceos en el templo israelita principal.[57]

Un breve motín estalló en el templo, cuando los fariseos enojados atacaron la decisión del rey. Fue sofocado rápidamente y comenzó un período de rigurosa persecución de los fariseos. Cuando Janneo murió, rogó a las dos partes que se zanjaran sus diferencias, aunque era poco probable que se lograra. Salomé Alejandra tomó el control

---

[57] Ibid.

y su hermano, un fariseo importante, los puso temporalmente en el poder. Cuando ella murió, sus dos hijos, cada uno reclamando el trono, se aliaron con facciones separadas para obtener apoyo. Los dos poderes en competencia que resultaron respaldarían a los dos demandantes a través de un sangriento período de guerra civil.

## La Guerra Civil Asmonea

Hircano II subió al trono y fue rey durante tres meses antes de que su hermano, Aristóbulo II, se sublevara. Hircano II tenía el respaldo de los fariseos, mientras que Aristóbulo II captaba a los saduceos. Hircano II dirigió un ejército formado por leales fariseos y mercenarios, pero su hermano tenía más seguidores y ganó el conflicto inicial fuera de Jerusalén.

Hircano II se refugió en Jerusalén, pero Aristóbulo II lo obligó a salir. Según algunas fuentes, Hircano II huyó de la región y tomó como rehenes a la esposa y los hijos de Aristóbulo II, pero los dos hermanos lograron llegar a un acuerdo antes de que la situación empeorase. Aristóbulo II se convertiría en rey y Sumo Sacerdote, pero Hircano II podría retener parte de los ingresos de las oficinas y recibir a varios dignatarios como hermano del rey. Los dos hombres cambiaron de casa, Aristóbulo II se mudó al palacio e Hircano II a la casa de su hermano.

Sin embargo, la mayoría de las fuentes están de acuerdo en que la guerra civil continuó hasta que interviniera Roma. Durante la guerra civil, el general romano Marco Emilio Scauro se fue a capturar Siria y al resto del Imperio seléucida en nombre de Pompeyo el Grande.

Pompeyo el Grande fue uno de los comandantes militares más exitosos de la República romana y eventualmente se convertiría en parte del célebre Primer Triunvirato de Roma. Scauro entró en Siria y se encontró con la guerra civil entre Hircano II y Aristóbulo II. Ambos hermanos intentaron que Scauro estuviera de su lado a través de regalos, promesas y sobornos. Originalmente, Aristóbulo II logró ganar el favor de Roma por medio un regalo de 400 talentos. Sin embargo, esto cambió cuando Pompeyo el Grande llegó a Siria. Miró a los dos hermanos y vio personalidades distintivas muy diferentes. Aristóbulo II era inteligente, astuto y militarmente experimentado, mientras que Hircano II era más blando, más débil y más fácil de controlar.

Pompeyo el Grande se ganó el apodo de "Conquistador de Asia" por sus condiciones como general que deseaba poner a Judea bajo el control de Roma para expandir el territorio de la República.[58] Hircano II y Aristóbulo II se acercaron al comandante con más presentes y promesas. Pompeyo se demoró en revelar una decisión a pesar de recibir regalos realmente lujosos como una vid de oro por un valor de 500 talentos. Aristóbulo II se dio cuenta de que Pompeyo tenía la intención de poner fin a la guerra civil al hacerse cargo de la dinastía asmonea y retirarse con sus ejércitos. Estableció una fortaleza en Alexandria, pero se dio cuenta de que sus esfuerzos eran infructuosos.

Para apaciguar a Pompeyo, Aristóbulo II decidió entregar Jerusalén. Sin embargo, el pueblo se negó a abrir las puertas al ejército y se produjo un prolongado asedio. Cuando llegaron los romanos, Jerusalén fue tomada por la República romana. Judea quedó bajo el control de los romanos y se convirtió en otro protectorado que necesitaba rendir homenaje a un gobernador romano y vivir bajo su control.[59]

[58] Robin Seager, *Pompeyo el Grande: Una Biografía Política*, (Blackwell Publishing, 2002).
[59] Richard Hooker, *"Los Hebreos: La Diáspora,"* recuperado 2006, Módulos de Aprendizaje de Civilizaciones Mundiales, Washington State University, 1999.

*Pompeyo en el Templo de Jerusalén por Jean Fouquet, 1470 d. C.*

# Capítulo 9 - Gobierno Romano de Judea

La dinastía asmonea no se derrumbó de inmediato cuando intervinieron los romanos. Aunque Judea estaba ahora bajo el gobierno de un gobernador romano, todavía tenía un gobernante llamado etnarca, que era un líder político para un grupo específico y homogéneo de gente. Hircano II recibió este rol alrededor del año 47 a. C. después de una prolongada lucha entre Pompeyo y César. Pompeyo el Grande continuaría apoyando al débil Hircano II como el sumo sacerdote, mientras que los administradores romanos en la región dividieron el antiguo reino asmoneo en los territorios de Galilea, Samaria y Judea. Cinco consejos gobernaban cada área individual, incluyendo Jerusalén y la ciudad de Jericó. A Hircano II se le continuó negando el rol de rey y el control oficial de la región recayó en un romano llamado Antípatro.

## La Caída de la Dinastía Asmonea

A Hircano II le disgustaba la presencia de Antípatro. Antípatro le quitó toda influencia a Hircano II además de darle a sus hijos importantes nombramientos tales como gobernador de Jerusalén o gobernador de Galilea. Herodes, uno de los hijos más jóvenes de Antípatro, ejerció el poder en Galilea y enojó tanto a Hircano II que el sumo sacerdote lo obligó a ser juzgado por supuestos abusos de poder. Herodes se exilió en el 46 a. C. pero regresó poco tiempo después.

En el 44 a. C., los amigos del célebre Julio César lo asesinaron. Se produjo una guerra civil romana durante la cual los generales de facciones rivales invadieron territorios periféricos como Siria y Judea. Los partos, un enemigo romano al este de los israelitas, también marcharon a tierra romana con la ayuda del anterior general Quinto Labieno. Después de dividir su ejército, los partos lograron conquistar todo el Levante, incluida Judea.

Hircano II fue con un emisario para hablar con los partos y establecer una forma de paz. Los partos lo capturaron a él y a su compañero, le cortaron las orejas y lo retuvieron como prisionero, hecho que a los romanos no les importó. Un hombre llamado Antígono se convirtió en el nuevo rey y sumo sacerdote, pero no logró eliminar a Herodes, que competía con Antígono por el poder. Herodes buscó el apoyo de Marco Antonio, uno de los más importantes líderes de Roma. Marco Antonio y el Senado romano declararon a Herodes el verdadero rey de los israelitas (llamado "rey de los judíos") y le dieron más fuerzas para luchar contra Antígono.

La lucha duró tres años, del 40 a. C. al 37 a. C. La mayoría de las fuerzas de los romanos luchaban contra los partos al este, por lo que Herodes se quedó casi solo. No fue sino hasta después que los romanos derrotaran a los partos que Herodes venciera con éxito a Antígono y lo entregara a Marco Antonio, quien decapitó al ex sumo sacerdote. El gobierno asmoneo llegó a su fin cuando el Senado romano nombrara oficialmente a Herodes como el verdadero gobernante de Judea.

# Herodes y el Control Romano Continuo

Herodes sería conocido como Herodes el Grande. Su posición oficial era como un mandante rey romano de Judea, o el gobernante de un territorio más pequeño que todavía necesita responder al

Senado romano. Gobernó del 37 a. C. al 4 a. C. Mucha gente se esfuerza por clasificar el legado del rey. Si bien completó impresionantes proyectos de construcción, formó una nueva aristocracia y mejoró la economía de Judea, también dejó que muchos de sus ciudadanos vivieran en la pobreza y denunció muchas costumbres judías.

Herodes comenzó lo que se conocería como la dinastía herodiana, que además sería gobernada por sus hijos a su muerte. Requeriría el apoyo constante del Senado romano para permanecer en el poder y lidió con muchas amenazas a su trono. En particular, su suegra, Alejandra, buscaría recuperar el poder para su familia, los asmoneos. Trató de convencer a Marco Antonio que nombrara a uno de sus parientes sumo sacerdote. Para evitar el problema, Herodes ordenó su primer asesinato.[60]

Después, comenzó una lucha en Roma entre dos poderosos, Octaviano y Antonio. Herodes se puso del lado de Antonio en el 37 a. C., pero Antonio perdió. Herodes se jugó su reputación y la usó para convencer a Octavio de que sería leal y mantendría a Judea bajo control y proporcionaría riquezas a Roma. Octavio permitió que Herodes permaneciera en su cargo. Los historiadores discuten qué pensaban los verdaderos judíos sobre Herodes, y la mayoría de los especialistas están de acuerdo en que a los judíos no les gustaba como gobernante.

Herodes gastaría la mayor parte de su dinero en lujosos productos para la construcción, por ejemplo, para la expansión del templo en Jerusalén, nuevas fortalezas y ciudades como la Cesárea Marítima. Gravó fuertemente al pueblo para darle regalos a gente influyente dentro de Roma. Además, extrajo enormes cantidades de asfalto del mar Muerto para la construcción de barcos y arrendó minas de cobre para aumentar su riqueza.

Aunque mejoró y realzó el templo de Jerusalén, Herodes recibiría críticas de la mayoría de la población aun de los fariseos y de los

---

[60] Adam Kolman Marshak, *Las Muchas Facetas de Herodes el Grande*, (Eerdmans, 2015).

saduceos. Los fariseos se enojaron por no escuchar sus recomendaciones y sugerencias sobre cómo trabajar en el templo. Los saduceos estaban molestos porque Herodes relevó de sus cargos a muchos de sus sacerdotes y funcionarios influyentes reemplazándolos por gentiles, o no judíos. Para empeorar las cosas, a Herodes le gustaba traer de afuera formas de entretenimiento, así construyó una enorme águila real cerca de la entrada del templo, que mostraba su dedicación a Roma.[61]

*Sitio del Entierro de Herodes*

Herodes murió en el año 4 a. C. y fue enterrado en un lugar conocido como Herodión. La mayor parte de su reino fue separado en tetrarquías entre los tres hijos de Herodes, y parte del territorio fue a parar a la cuñada de Herodes. Una de estas tetrarquías era Judea, que incluía a Jerusalén, el antiguo reino de Judá y partes de Samaria e Idumea. El hijo de Herodes, Herodes Arquelao, se hizo cargo de Judea y fue un gobernante tan terrible que el emperador romano lo echó del poder en el año 6 a. C. después de que la población de Judea suplicara literalmente a Roma que hiciera algo al respecto.

---

[61] Ibid.

## Control y las Guerras Judeo-Romanas

Fue en ese tiempo, 6 d. C., que Judea finalmente quedó bajo el control administrativo romano directo, no como vasallo a través de un rey o gobernante del territorio. Judea no traería mucho dinero a Roma, pero controlaría las influyentes rutas marítimas y terrestres que conectaban Roma con Egipto, que era el granero de la región. También sirvió como una provincia fronteriza que protegía a Roma de su enemigo, los partos. Roma dividió a Judea en cinco distritos administrativos: Jerusalén, Gádara, Amathus, Jericó y Séforis.

Judea logró existir en relativa paz bajo Roma durante aproximadamente seis décadas antes de que los judíos (israelitas) se sintieran descontentos y comenzaran a rebelarse. Alrededor del año 66 d. C. comenzaron las guerras judeo-romanas. Judea fue influyente durante la primera guerra judeo-romana. Duró desde el año 66 d. C. al 70 d. C. y resultó en el asedio de Jerusalén, la destrucción del templo de Herodes (el templo mejorado de Jerusalén), y obligó a Judea a tener aún más control de Roma. El siguiente conflicto importante fue la revuelta de Bar Kojba entre 132 d. C. -135 d. C. Los judíos perdieron nuevamente y el emperador romano renombró a Judea para despojarla de la identidad judía.

Con el tiempo, el control de Judea pasaría de los romanos a un estado semiindependiente y luego de vuelta a una comunidad destruida. El pueblo formaría varias diásporas en la medida que su patria quedara bajo el control de diferentes conquistadores. El estilo de vida nómada de los israelitas influyó fuertemente en su religión, que se convirtió en el judaísmo moderno y que eventualmente daría lugar al cristianismo y al islam.

# Capítulo 10 - Antigua Religión Hebrea y Judaísmo

La religión hebrea o israelita fue importante para mantener unida a la civilización primitiva. Según sus creencias, los israelitas descendían de los mismos antepasados y servían como los elegidos de su dios, convirtiéndolos en un grupo étnico significativo. La religión desempeñaba una función crucial en la vida cotidiana debido a las reglas y regulaciones establecidas por Yahvé, la deidad principal y eventualmente singular de los israelitas. Entre las leyes que controlaban la vida diaria estaban:

— La prohibición de casarse con alguien que no fuera étnicamente israelita.

— La creación de un sacerdocio hereditario.

— La prohibición del adulterio, el asesinato y el robo.

— La prohibición de adorar a otros dioses además de Yahvé

— La prohibición del uso de imágenes que representaran a Yahvé.

La religión israelita era compleja y cambiaría con el tiempo para reflejar el creciente poder de Israel. En su apogeo, el reino tenía

300.000 seguidores religiosos. Una de las mayores transiciones fue del politeísmo al monoteísmo.

## Monoteísmo vs. Politeísmo

La antigua religión hebrea no se desarrolló hasta finales de la Edad de Hierro. Antes de este período, los israelitas practicaban la religión cananea, que implicaba la adoración de múltiples deidades que se cree que controlan diferentes aspectos de la vida. Esta veneración de más de un dios se llama politeísmo. Finalmente, los israelitas se alejaron del tradicional dogma cananeo y comenzaron a centrarse más en la adoración de los antepasados y los llamados dioses familiares, o deidades específicas que se cree que están relacionadas con el bienestar de un linaje patriarcal específico. Esta transición seguía ciertas secciones de la religión cananea, pero involucraba una adoración menos centralizada que la que se ve típicamente en los centros cananeos.

Cuando se estableció una clara monarquía durante la segunda mitad de la Edad de Hierro, los israelitas cambiaron gradualmente al monoteísmo, o la creencia y el culto de una sola deidad. La monarquía promovió su deidad familiar específica por encima de todas las demás, construyó templos y alentó al pueblo a hacer la transición a la adoración de este dios en lugar de las deidades familiares personales. Este dios era Yahveh, quien frecuentemente se integraba con El, la antigua deidad principal de los cananeos. Sin embargo, fuera de la corte real, el pueblo seguía siendo politeísta y adoraba a sus deidades familiares. No fue sino hasta el establecimiento completo de Judá e Israel y la siguiente conquista asiria que los israelitas adoptarían completamente el monoteísmo y a Yahvé.

### Yahvé

La historia de Yahvé comienza en la Edad de Bronce, cuando los israelitas aún no eran un grupo diferente y seguían viviendo en otros estados políticos. Los eruditos no están seguros de la etimología exacta detrás del nombre de "Yahvé", pero muchos creen que en realidad era otro título para el principal dios cananeo El, especialmente porque los israelitas solían ser cananeos.[62]

El era el dios supremo sobre todos los demás, el creador de humanos y animales. El engendró algunas de las deidades más importantes del panteón, incluidos los dioses de las tormentas, la muerte y el mar. Su asignación principal era como el dios de la sabiduría, el antiguo hombre de barba gris que controlaba el cosmos. Poseía numerosos nombres, uno de los cuales era Yahvé, y su nombre principal, El, se usó en la escritura cananea e israelita para referirse a los dioses en general debido a su influencia y poder.

La teoría de que El y Yahvé son la misma deidad está respaldada por pasajes encontrados en algunos de los primeros escritos del Antiguo Testamento. Por ejemplo, una línea del Libro del Éxodo dice que Yahvé se le reveló a Abraham, Isaac y Jacob como El Shaddai, y que aún no sabían su verdadero nombre, YHWH, que se creía que se traducía como "Yahvé". El Libro del Génesis contiene referencias similares, donde Abraham acepta la bendición de dios El. Sin embargo, no todos creen que El y Yahvé fueran la misma deidad, especialmente porque la palabra El podría usarse para referirse a un dios en general.

Ya sea que Yahvé fuera o no fuera El, lo cierto es que el dios israelita parecía ser el producto del sincretismo, o la amalgama de diferentes creencias religiosas en una cultura o práctica singular. Algunos ejemplos modernos serían el catolicismo latinoamericano que incorpora numerosos elementos de las prácticas religiosas indígenas, o el vudú haitiano, que combina las creencias africanas con elementos cristianos. El israelita Yahvé se refiere ocasionalmente a un dios de la tormenta y está profetizado para luchar algún día contra un gran leviatán o una bestia marina, como lo hizo el dios cananeo de la tormenta Baal.[63]

---

[62] John Day, *Yahvé y los Dioses y Diosas de Canaán*, (New York: Sheffield Academic Press, 2002).
[63] Ibid.

*La Destrucción del Leviatán de Gustave Doré, 1865*

El registro más antiguo conocido del uso de Yahvé proviene de una inscripción egipcia escrita durante la época del faraón Amenofis III, que vivió desde 1402 a. C. hasta 1363 a. C. Aquí, Yahvé aparece como parte de un nombre de lugar que dice "tierra de Shasu de yhwh". Los Shasu eran un grupo de nómadas del norte de Arabia que provenían principalmente de Edom y Madián, dos lugares asociados con Yahvé en los estudios bíblicos. La hipótesis principal en los tiempos contemporáneos es que los comerciantes con los nómadas introdujeron gradualmente el concepto de Yahvé a los cananeos en el sur, que fue cómo se extendió por todo el Levante durante la Edad del Bronce. La fusión gradual de Yahvé con El ocurrió durante la temprana Edad de Hierro (1200 a. C.-930 a. C.), y eventualmente se convertiría en la principal deidad de Israel y Judá durante la última Edad de Hierro (1000 a. C.-586 a. C.).

*Un dracma romano representando a Yahvé*

Para el año 1000 a. C., Yahvé se convirtió en el dios nacional del reino de Israel, pero no de Judá. Según todos los relatos históricos, parecería que solo se lo adoraba en estos dos lugares, lo que no era raro en ese momento para un dios. En todo el Levante, diferentes pueblos se alejaron del politeísmo tradicional y en su lugar adoraban a los dioses nacionales. Algunos ejemplos incluyen Milcom de los amonitas, Quemos de los moabitas y Cuas de los edomitas. El pueblo veía al rey de Israel como el virrey de Yahvé en la tierra, y el rey reforzaría esta idea al llevar a cabo una ceremonia en Jerusalén cada año donde Yahvé estaba entronizado allí en el templo. Numerosos artistas a lo largo de los siglos han creado pinturas mostrando esta ceremonia, incluido un famoso ejemplo de James Tissot.

*Salomón en Jerusalén*

## La Religión Israelita y los Asirios

La religión distintiva que se encuentra en las escrituras judías y cristianas se formó a partir del antiguo dogma israelí después de la invasión y destrucción asirias del reino de Israel alrededor del 722 a. C. Los refugiados del norte huyeron a la cercana Judá para escapar del cautiverio, la esclavitud o la muerte.

Miles de israelitas fueron tomadas por los asirios y reubicados, ya que el Imperio asirio quería que sus pueblos habitaran en la capital y otros lugares con recursos en todo el territorio. Los refugiados de Judá se reunieron con ellos para adorar a Yahveh, que fue adoptado por los ricos terratenientes y nobles del reino. La religión se extendió tan rápidamente que en el 640 a. C., el príncipe Josías de ocho años fue coronado. Para el año 622 a. C., Josías y sus seguidores, que adoraban a Yahvé, se habían vuelto algo independientes de sus conquistadores asirios, como para proclamar que eran leales a Yahvé y que no servirían a ningún otro amo.

## Prácticas

Los primeros israelitas adoraban a las deidades de manera similar a otros pueblos antiguos. Los templos eran fundamentales para el culto y debían mantenerse y limpiarse cuidadosamente para que la deidad pudiera vivir dentro. La santidad del edificio era reforzada y atendida con frecuencia por medio de rituales, liturgia, sacrificios y ofrendas. Debido a que los israelitas veían a los dioses como esencias divinas, prestaban especial cuidado en garantizar que el templo mantuviera altos estándares. Originalmente, los hombres y las mujeres participaban en los rituales y las mujeres generalmente eran responsables de preparar los panes y el incienso que se ofrecían a los dioses.

La evidencia arqueológica coincide con los escritos en el Libro de Levítico, que afirmaba que había cinco ofrendas diferentes que los israelitas podían usar, cada una con tres niveles diferentes para que tanto ricos como pobres pudieran ofrecer algo significativo. Las cinco ofrendas eran quemas, grano, bienestar, pecado y culpa. Si alguien necesitaba hacer una ofrenda de una quema, podía elegir entre el nivel que correspondía a su clase económica:

— Ricos: toros

— Clase media: ovejas o cabras

— Pobres: una paloma o una tórtola

Para los antiguos israelitas era muy importante ofrecer un sacrificio o un obsequio adecuado de acuerdo con su clase económica, para que los individuos ricos no pudieran contentarse con solo ofrecer una paloma.

La adivinación era otra práctica religiosa significativa. En la antigüedad, la adivinación era la práctica de resucitar a los muertos o hablar con ellos para obtener información o para predecir el futuro. Aunque en algunos lugares la condenaban como nigromancia, las fuentes indican que los israelitas y los judíos practicaban la adivinación regularmente. Sin embargo, este ritual no tenía un lugar estable dentro de la práctica religiosa. Parece que algunos templos o en determinados días festivos se fomentaba la adivinación, mientras que otros la prohibían explícitamente como hechicería, por lo que para mucha gente la adivinación es una práctica muy controvertida.

Finalmente, los israelitas celebraban numerosas fiestas y festivales por medio de rituales coreografiados. Una fiesta importante era el Día de la Expiación, cuando los israelitas creían que Yahvé había abandonado el templo debido a los pecados de los fieles. Un sumo sacerdote necesitaba hacer sacrificios para expiar los pecados de los israelitas y luego rociar la sangre sobre el altar de Yahvé. El paso final era transferir la pecaminosidad del pueblo a una cabra, que luego se quemaría como una forma de limpiar al pueblo y al santuario de Yahvé de todo el pecado acumulado durante el año. Al igual que muchas otras poblaciones, los israelitas también celebraban el cambio de las estaciones por medio de rituales, como la Pascua y los festivales de la Luna Nueva.

# Conclusión

Los israelitas siguen siendo uno de los pueblos antiguos mejor documentados del mundo por su impacto en la sociedad, la religión y la cultura occidental contemporánea. Sin los israelitas, es poco probable que existan las tres religiones abrahámicas, el judaísmo, el cristianismo y el islam.

Muchos otros acontecimientos históricos también habrían resultado de manera diferente si los israelitas no hubieran perdurado y no se hubieran trasladado del Levante a otras áreas del mundo, incluido el norte de África, Europa y partes de Asia Menor. Durante los tiempos medievales y modernos, los israelitas se convirtieron gradualmente en la población judía contemporánea, al igual que otros anteriores israelitas se convirtieron en cristianos o incluso musulmanes que difundieron sus religiones en Europa, Asia, América del Norte, América del Sur, Australia y África.

Los antiguos israelitas han contribuido magníficamente a la ciencia, las matemáticas, el arte, el Hollywood moderno y las culturas de docenas de países. Sin los israelitas, muchos acontecimientos e inventos, tanto buenos como malos, nunca habrían tenido lugar. Por ejemplo, el Israel contemporáneo, la tragedia del Holocausto, el acero inoxidable, la famosa teoría de la relatividad, la televisión en color o la bomba atómica.

A la gente le es difícil comprender cuán conectados están los seres humanos con sus ancestros, y los israelitas constituyen un excelente ejemplo. Una de las principales razones por las cuales los seres humanos poseen tanto conocimiento sobre esos pueblos es porque sus descendientes continuaron viviendo y adaptándose a nuevos entornos; registraron su historia y mantuvieron su religión. Sin los israelitas, la sociedad moderna no sería la misma.

Vea más libros escritos por Captivating History

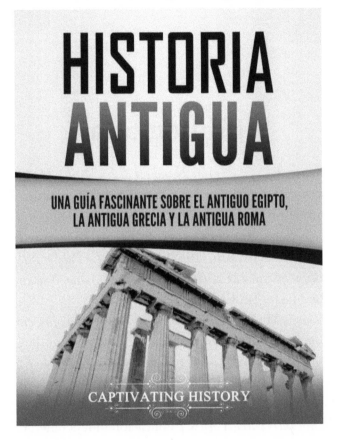

# Bibliografía

Albertz, Rainer (2003). *Israel en el Exilio: La Historia y La Literatura del Siglo VI a. C.* Sociedad de Literatura Bíblica.

Cline, Eric H. (2014). *1177 a. C: el Año en que se Derrumbó la Civilización.* Nueva Jersey: Princeton University Press.

Cornfled, Gaalyahu. (1962) De *Daniel a Pablo: Judios en Conflicto con la Civilización Grecorromana.* Nueva York: The Macmillan Company.

Coogan, Michael D. (2009). *Una Breve Introducción al Antiguo Testamento.* Prensa de la Universidad de Oxford.

Día, John (2002) *Yahvé y los Dioses y Diosas de Canaán.* Nueva York: Sheffield Academic Press.

Goodspeed, George Stephen. (2014) *Una Historia de los Babilonios y los Asirios.* Publicación independiente.

Grant, Michael. (1984) *La Historia del Antiguo Israel.* Scribner.

Hooker, Richard. *"Los Hebreos: La Diáspora".* Consultado en 2006. Módulos de Aprendizaje de Civilizaciones Mundiales. Universidad Estatal de Washington, 1999.

Kolman Marshak, Adam (2015) *Las Muchas Facetas de Herodes el Grande.* Eerdmans.

Lipovsky, Igor P. (2017) *Judea entre Dos Eras.* Boston: Cambridge Publishing, Inc.

MacDonald, Nathan. (2008) *¿Qué Comían los Antiguos Israelitas?: Dieta en Tiempos Bíblicos.* Grand Rapids: Wm. B. Eerdmans Publishing Co.

Martin, Thomas R. y Blackwell, Christopher W. (2012). *Alejandro Magno: la Historia de una Vida Antigua.* New York: Cambridge University Press.

Miller, J. Maxwell. (2006) *Una Historia del Antiguo Israel y Judá, Segunda edición* Louisville: Westminster John Knox Press.

Rogerson, JW (2006). *El Manual de Oxford de Estudios Bíblicos.* OUP Oxford. pág. 292.

Seager, Roben. (2002). *Pompeyo el Grande: Una Biografía Política.* Blackwell Publishing.

Sievers, Joseph y Neusner, Jacob ed. (1990) *Los Asmoneos y sus Partidarios: de Matías a la Muerte de Juan Hircano I.*Atlanta: Scholars Press.

Sparks, Kenton L. (1998). *Etnia e Identidad en el Antiguo Israel.* Eisenbrauns.

Waters, Matt. (2014) *Persia Antigua: Una Historia Concisa del Imperio Aqueménida, 550-330 a. C.* Nueva York: Cambridge University Press.

Worthington, Ian. (2016) *Ptolomeo I: Rey y Faraón de Egipto.* Nueva York: Oxford University Press.

Cross, Frank Moore. *Canaanite Myth and Hebrew Epic: Essays in the History of the Religion of Israel.* Cambridge: Harvard University Press, 1997.

Cassuto, U. (1962). "Baal and Mot in the Ugaritic Texts". *Israel Exploration Journal.* 12 (2).

Eiríksson, Jón, et al. 2000, "Chronology of late Holocene climatic events in the northern North Atlantic based on

AMSC dates and tephra markers from the volcano Hekla, Iceland". *Journal of Quaternary Science*, 15 (6).

Finkelstein, Israel y Neil Asher Silberman. *The Bible Unearthed: Archaeology's New Vision of Ancient Israel and the Origin of its Sacred Texts.* Free Press: 2001.

Haber, Marc, et al. "Continuity and Admixture in the Last Five Millennia of Levantine History from Ancient Canaanite and Present-Day Lebanese Genome Sequences". *The American Journal of Human Genetics* 101, no. 2 (July): 274-82. https://doi.org/10.1016/j.ajhg.2017.06.013.

Hornung, Erik. 'The Pharaoh' in Sergio Donadoni, *The Egyptians.* The University of Chicago Press, 1997.

*Keilalphabetische Texte aus Ugarit.*

Lipiński, Edward. 2004. *Itineraria Phoenicia*, 139-141.

Na'aman, Nadav. *Canaan in the 2nd millennium B.C.E.* Eisenbrauns: 2005.

Sparks, Kenton L., *Ethnicity and Identity in Ancient Israel,* Eisenbrauns: 1998.